Günter Krieger

Das Schloss im See

ELV

Günter Krieger

Das Schloss im See

Sagenwelten zwischen Aachen, Köln und Trier

Mit Illustrationen von Kristina Mörsch

ELV

Impressum

1. Auflage 2003, © Grenz-Echo Verlag
2. Auflage 2023, © Eifeler Literaturverlag
In der Verlagsgruppe Mainz

Eifeler Literaturverlag
Verlagsgruppe Mainz
Süsterfeldstraße 83
52072 Aachen
www.eifeler-literaturverlag.de

Gestaltung, Druck und Vertrieb:
Druck & Verlagshaus Mainz
Süsterfeldstraße 83
52072 Aachen
www.verlag-mainz.de

Lektorat:
Julia Huntscha

Umschlaggestaltung:
Dietrich Betcher

Abbildungsnachweis:
Ölgemälde von Carl Friedrich Lessing (1843) https://de.wikipedia.org/wiki/Datei:Lessing_Landscape_in_the_Eifel_Mountains.jpg

ISBN-10: 3-96123-066-8
ISBN-13: 978-3-96123-066-2

Inhalt

Vorwort

In den vergangenen Jahrzehnten sind eine Menge guter Sammlungen erschienen, die sich des Sagengutes der Eifel, der Ardennen, des Rhein- und des Mosellandes angenommen haben. Den Herausgebern und Autoren kann nicht genug Respekt gezollt werden, da sie das Erzählgut von Generationen vor dem Vergessen bewahrt haben.

Das vorliegende Buch kann und möchte nicht mit den oben erwähnten Werken konkurrieren, da es keine Sammlung im eigentlichen Sinn darstellt. Vielmehr ist dieses Buch das Ergebnis meiner Absicht, ausgewählte Sagen und Legenden völlig neu zu erzählen, ohne an ihrem Grundgehalt zu rütteln, verbunden mit dem Wunsch, auch die Jugend wieder mehr für unsere uralten Heimatmythen zu begeistern. Es erschien erstmals 2004 und liegt hiermit in überarbeiteter und erweiterter Form neu vor.

Harry Potter und die Hobbits sind Beweis genug: Auch in unserer modernen, hochtechnisierten Zeit sind die Menschen noch offen für Geschichten über Zauberer und Hexen, Zwerge und Gespenster, Ritter und Elfen. Hogwarts und Mittelerde liegen gleich um die Ecke.

Günter Krieger

Eine folgenschwere Entscheidung

(Ovifat, Burg Reinhardstein)

Mein Name tut nichts zur Sache. Es reicht zu wissen, dass ich einer der Männer von Burg Reinhardstein bin. Manche nennen uns verächtlich »Zwerge«, weil die meisten von uns nicht so groß gewachsen sind wie normale Menschen. Dabei haben wir Gefühle wie jeder andere auch. Mal sind wir gut, mal schlecht gelaunt, wir können uns freuen oder auch ärgern, wir haben Hunger und Durst, wir essen und trinken gerne, wir lieben und wir streiten. Zugegeben, wir sind recht schnell beleidigt, denn wenn wir gedemütigt werden, dann ist es mit unserer Gutmütigkeit vorbei. Dann kann es geschehen, dass wir von unseren Zauberkräften Gebrauch machen, um denen zu schaden, die uns Übles wollen.

Vor einiger Zeit hatte ich Gefallen gefunden an einem Mädchen aus Ovifat. In Ovifat haben wir Reinhardsteiner des Öfteren geschäftlich zu tun, die Bauern dort sind uns wohl gesonnen, und wir sind gern gesehene Gäste in ihren Stuben. Viele betrachten uns als Glücksbringer, und mit dieser Vermutung liegen sie keineswegs falsch. Wer unser Wohlwollen genießt, braucht sich um seine Ernte keine Sorgen zu machen, sie wird reich und ergiebig sein. Seit jeher herrscht zwischen uns und den Leuten aus Ovifat ein gutes Einvernehmen. Umso bedauerlicher, dass die Tochter eines Bauern meine Werbung verschmähte.

Sie war hübsch und hatte langes, blondes Haar. Schon als ich sie zum ersten Mal erblickte, war ich von ihr hingerissen. Sie kam vom Brunnen und trug einen Wassereimer. Ich bot mich an, ihre Last für sie zu schleppen. Mit einem höflichen Lächeln reichte sie mir den Eimer. Es war der glücklichste Augenblick meines Lebens. Wie hätte ich ahnen können, dass ihr nicht das Geringste an meiner Hilfe lag, dass sie mich in Wirklichkeit als verunstaltetes Wesen verachtete?

Bei unserer nächsten Begegnung reichte ich ihr Blumen, die ich selbst auf bunten Sommerwiesen gepflückt hatte. Zwar nahm sie den Strauß an sich, doch Freude über das Geschenk zeigte sie nicht. Ich versuchte mit ihr ins Gespräch zu kommen, aber sie blieb wortkarg. Und dennoch: Ihre Schönheit verzauberte mich und ließ mir keine Ruhe. Nachts träumte ich von ihr und tagsüber ging sie mir nicht aus dem Kopf. Ihr kühles Verhalten erklärte ich mir – wie viele verliebte Narren es tun – mit schüchterner Zurückhaltung. Denn wie konnte ihr das Werben eines Reinhardsteiners gleichgültig sein? Ich war fest entschlossen, sie bei unserer nächsten Begegnung zu bitten, meine Frau zu werden. Das, so war ich mir sicher, würde die Schöne endlich auftauen lassen.

So kam es also, dass ich mir ein Herz fasste und ihr mein Begehren beim nächsten Mal antrug. Wir standen mitten auf dem Dorfplatz, und die Sonne schien auf uns herab. Ich beschrieb ihr die prächtigen Gemächer des Schlosses, erzählte von den Ammen, die sich liebevoll um unsere Kinder kümmern würden. Sie hörte mir zu und sah mich an, als sei ich ein Wesen aus einer anderen Welt. Dann begann sie schallend zu lachen, so laut, dass ein jeder im Dorf es hören musste. Von diesem Augenblick an war ihre Schönheit für mich dahin; sie glich nur noch einem zänkischen Weib, das seine helle Freude daran hatte, andere lächerlich zu machen und zu demütigen. Die bösen Worte, die sie mir an den Kopf warf, will ich hier nicht wiedergeben. Sie ließ mich stehen und kehrte mir den Rücken, eine Ungeheuerlichkeit, die mir noch nie widerfahren war.

Zeugen für dieses Geschehnis gab es reichlich. Mägde tuschelten miteinander, Knechte kratzten sich nachdenklich die Köpfe. Ich sah mich zahlreichen Blicken ausgesetzt, die meisten von Mitleid geprägt. Doch wir Reinhardsteiner brauchen kein Mitleid. Unsere Macht ist groß genug, um uns selbst Genugtuung zu verschaffen. Die Glut der Liebe in meinem Herzen war mit einem Male erkaltet. Und das war gut so. Meine Gedanken waren nun frei für neue Pläne:

Dem Mädchen musste die Demütigung vergolten werden, die es mir angetan hatte. Dass darunter auch ihre Familie leiden würde, ließ sich nicht ändern und lag durchaus in meiner Absicht. Denn einen von Reinhardstein weist man nicht ungestraft zurück!

*

»Juliane!«

Der Bauer winkte seine Tochter, die soeben aus dem Hühnerstall trat, zu sich herbei. In ihrem Arm hielt sie einen Korb, randvoll gefüllt mit frischen Eiern. Juliane trat vor ihn und sah ihm fragend in die Augen.

»Ist es wahr, was die Leute sich erzählen?«, fragte der Bauer. Sein Gesicht schien wie aus Stein gemeißelt.

»Das kommt darauf an«, erwiderte Juliane keck. »Was erzählen die Leute sich denn?«

Für diese Antwort erhielt sie eine schallende Ohrfeige. Zwei oder drei Eier fielen aus dem Korb und zerplatzten am Boden. »Die Angelegenheit ist zu ernst für vorlaute Sprüche. Stimmt es, dass einer der Reinhardsteiner um dich geworben hat?«

»Na ja«, erwiderte Juliane etwas kleinlauter, »es gab da einen, der mir Blumen schenkte, und ...«

»Und was? Hat er um deine Hand angehalten?«

»Ja, das hat er«, gab sie zögerlich zu.

Die Augen des Vaters weiteten sich unheilvoll. »Und du hast ihn zurückgewiesen?«

In Juliane erwachte nun der Trotz. »Vater, der Kerl reicht mir nicht einmal bis zu den Schultern. Er mag ja ganz nett und freundlich sein, doch ich liebe ihn nicht. Wie kann er ernsthaft von mir erwarten, dass ich seine Frau werde?«

»Weißt du denn nicht, wie sehr wir auf das Wohlwollen der Reinhardsteiner angewiesen sind?«, fragte der Vater beschwörend. »Wir gehören zu den wohlhabenderen Bauern des Dorfes, und ich habe kein Interesse daran, dass dies sich ändert.«

»Hätte ich deshalb vielleicht seinem Werben stattgeben sollen?«

»Törichtes Kind, du hättest eine schlechtere Wahl treffen können. Ein Mann wie er wäre imstande, dir jeden Wunsch zu erfüllen.«

»Aber ich will ihn nicht, Vater! Ich will ihn nicht!«

Der Bauer schluckte schwer. »Was hast du zu ihm gesagt?«, fragte er Unheil witternd.

»Welche Rolle spielt das?«

»Eine große. Stimmt es, dass du ihn als garstigen Zwerg bezeichnet hast?«

Juliane scharrte verlegen mit ihren Füßen. »Kann schon sein«, gestand sie schließlich. »Es ist mir halt einfach so über die Lippen gekommen.«

»Oh nein«, stöhnte der Vater auf, »einen Zwerg zurückzuweisen ist eine Sache. Ihn zu beleidigen eine andere. Wollen wir hoffen, dass deine Worte nicht wie ein Unwetter über uns hereinbrechen ...«

»Herr«, unterbrach eine ältere Magd, die plötzlich neben ihnen stand, das Lamento des Bauern.

»Was ist?«, bellte dieser übellaunig. »Siehst du denn nicht, dass ich meiner Tochter gerade die Leviten lese?«

»Doch, aber ich dachte, es sei sehr wichtig, was ich Euch zu sagen habe.«

»Dann sprich.«

»Die Kühe«, sagte sie ernst. »Ich glaube, sie werden krank. Sie geben kaum noch Milch und wollen nicht mehr fressen.«

»Siehst du«, wandte sich der Bauer mit wütender Verzweiflung an seine Tochter, »das haben wir nun von deiner Dickköpfigkeit! Er hat unser Vieh verzaubert!«

»Leider ist das noch nicht alles«, fuhr die Magd seufzend fort. »Auch mit der Ernte scheint etwas nicht zu stimmen. Eben war ich in der Scheune. Das Getreide beginnt zu faulen ...«

Vor Schreck ließ Juliane den Korb fallen, in dem sich die Eier befanden. Alle gingen zu Bruch und ihre Dotter verströmten einen bestialischen Gestank.

»Gott stehe uns allen bei«, sagte der Bauer mit einem flehenden Blick in den Himmel.

Remaklus und der Wolf

(Stablo / Stavelot)

Als die beiden Steinmetze die Baustelle erreichten, war der Lastesel verschwunden.

»Wohin, zum Henker, ist das dumme Viech gelaufen?«, fluchte der eine, während sein Kollege den Boden nach Spuren absuchte.

»Sieh mal da, wenn das nicht die Pranken eines Wolfes sind, will ich kein Steinmetz mehr sein!«

Sie betrachteten schaudernd die Spuren im Staub. »Gütiger Himmel, das ist aber ein riesiges Exemplar von einem Wolf gewesen. Den Esel kann man sicherlich als Verlust abschreiben.«

»Der Abt wird alles andere als erfreut darüber sein. Die Bauarbeiten an der Kirche gehen ihm sowieso viel zu langsam voran.«

»Ja, ja, so sind sie, die frommen Männer. Es kann ihnen niemals schnell genug gehen, wenn es heißt, Gott ein Denkmal zu setzen. Eigentlich besitzt unser Abt die besten Voraussetzungen, ein Heiliger zu werden, findest du nicht?«

Sie lachten laut, hielten aber inne, als sie Remaklus näherkommen sahen.

»Wenn man vom Teufel spricht«, flüsterte der eine. »Verzeihung, ich meine natürlich: Wenn man von einem Heiligen spricht …«

»Hör auf mit deinen blöden Witzen«, erwiderte der andere gepresst, »oder willst du, dass ich in Gegenwart des Abtes vor Lachen aus den Stiefeln kippe?«

»Gott mit Euch«, begrüßte Remaklus die beiden Arbeiter.

»Und mit Euch, ehrwürdiger Abt«, kam es wie aus einem Mund zurück.

»Nicht, dass ich gerne den strengen Mönch herauskehre«, fuhr Remaklus mit gefurchter Stirn fort, »aber darf ich den Grund erfahren, weshalb Ihr hier so untätig herumsteht? Bei allem Glauben an göttliche Wunder, das Gotteshaus wird sich nicht von alleine errichten.«

»Gewiss nicht, ehrwürdiger Abt. Wir wollten uns auch eben an die Arbeit machen, als wir eine traurige Entdeckung machten.« Er deutete auf die Spuren im Sand. »Ich fürchte, ein Wolf ist hier gewesen und hat den Esel gerissen. Ohne Esel aber dürfte es eine wahre Mühsal werden, die Steine heranzuschleppen.«

»Da habt Ihr sicher Recht«, stimmte Remaklus betroffen zu. »Was hat der Wolf sich nur dabei gedacht?«

»Er hatte wohl Hunger, ehrwürdiger Abt«, erwiderte der eine Steinmetz grinsend, verstummte aber, als er den Ellenbogen des Kollegen in seiner Seite spürte.

Remaklus stützte nachdenklich sein Kinn. »Hunger, gewiss, gewiss. Aber musste er sich deshalb unbedingt unseren Esel holen, der doch immerhin bei der Errichtung eines Gotteshauses half?«

»Äh, vermutlich ist der Wolf ein alter Heide, ehrwürdiger Abt.«

Den Steinmetzen fiel es zunehmend schwerer, sich das Lachen zu verkneifen. Remaklus schien es nicht zu bemerken.

»Ein Heide, ja. Wie die meisten Wölfe. Hm! Vielleicht ist es an der Zeit, dies zu ändern.«

»Wie meinen, ehrwürdiger Abt?«

Ohne auf die Frage einzugehen, wandte Remaklus sich um und schritt entschlossen davon.

»Wohin geht Ihr, ehrwürdiger Abt?«

»In den Wald!«, kam es zurück. »Ich habe ein ernstes Wort mit einem gewissen Wolf zu reden!«

*

Längst hatten die Steinmetze sich wieder auf das Gerüst begeben, das den Rohbau der Kirche umgab, doch immer noch rannen Tränen über ihre Wangen.

»Selten habe ich so gelacht«, keuchte der eine und hielt sich den Bauch. »Unser Abt will einen Wolf bekehren!«

»Ich kann's mir bildhaft vorstellen«, prustete der andere. »Remaklus steht mit erhobenem Finger vor Meister Isegrim und fragt ihn, was er sich eigentlich dabei gedacht hat. Und dann wird er ihm befehlen, an des Esels statt weiterzuarbeiten, damit der Bau der Kirche vorangeht. Kannst du dir vorstellen, wie blöde der Wolf aus der Wäsche gucken wird? Etwas Derartiges ist ihm noch niemals widerfahren.«

»Unser Abt ist sicherlich ein guter Mensch, wahrscheinlich besser und frommer als alle anderen zusammen, aber einen kleinen Dachschaden hat er schon.« Er tippte sich an die Stirn.

»Naja, vielleicht muss ein Heiliger so sein. Solange er uns beide nicht durch zwei Affen ersetzt, kann's uns auch egal sein.«

Wieder brachen sie in wieherndes Gelächter aus, sodass das Gerüst, auf dem sie saßen, bedenklich zu wackeln begann.

»Wenn es Euch nichts ausmacht, könnt Ihr nun in Eurer Arbeit fortfahren«, erschallte eine laute Stimme von unten. »Ich habe Hilfe mitgebracht!«

Das Lachen der Steinmetze erstarb auf der Stelle. Unten stand Abt Remaklus, beide Hände in die Hüften gestemmt, und schaute tadelnd zu ihnen empor. Neben ihm saß, mit demütig gesenktem Kopf, ein riesiger Wolf!

»Isegrim wird die Aufgaben unseres Esels, den er gerissen hat, fortan übernehmen!«, erklärte Remaklus den Steinmetzen, deren Münder offen standen wie Scheunentore.

Die Schulzen von Büllingen

(Büllingen, Aachen)

»Wie kannst du es wagen, mich hier und jetzt zu behelligen?«, herrschte der Kaiser den Eintretenden an.

Es war kein Geheimnis, dass sich der große Karl, wenn er Lese- und Schreibunterricht erhielt, höchst ungern stören ließ. Das Lernen fiel dem alten Kaiser schwer genug, und die Schriftzeichen erforderten seine ganze Konzentration. Dennoch hatte Liudolf, Karls Kammerherr, es für erforderlich gehalten, mit der Überbringung der Nachricht nicht länger zu warten. Nun sah er sich nicht nur dem vorwurfsvollen Blick seines Herrn ausgesetzt, sondern auch dem des Lehrers, dem die ehrenvolle, aber nicht einfache Aufgabe zugekommen war, den Kaiser zu unterrichten. Liudolf verbeugte sich ergeben.

»Verzeiht mir, mein Kaiser, aber ich bringe eine schlechte Nachricht.«

Karl warf den Federkiel beiseite und sah seinen Kammerherrn mit weiten Augen an. »Was ist geschehen? Haben die Sachsen sich einmal mehr gegen mich erhoben?«

»Nein, mein Kaiser, die Sachsen sind es nicht. Vielmehr ist es Gevatter Tod, der für Kummer sorgt.«

»Sprich, wer ist gestorben?«, fragte Karl, bleich geworden.

»Der Schultheiß von Büllingen.«

Der Kaiser stöhnte auf. »So werden es immer weniger«, sprach er leise zu sich selbst, »und eines nicht mehr allzu fernen Tages werden die Gefährten meiner Jugend mich alle verlassen haben. Ich wünschte, unser Herrgott hätte Erbarmen und würde mich noch vor ihnen abberufen.«

»Das geht nicht, mein Kaiser«, erwiderte der Lehrer entschlossen den Kopf schüttelnd. »Um des Reiches willen müsst Ihr noch lange unter uns weilen. Warum sonst lehre ich Euch das Lesen und Schreiben?«

»Jedenfalls erkläre ich den Unterricht für beendet«, erwiderte Karl.

»Aber mein Kaiser ...«

»Morgen wollen wir fortfahren«, schnitt Karl ihm ungehalten das Wort ab. Er entließ den Lehrer mit einer gebieterischen Geste.

»Warum tue ich mir das eigentlich an?«, murmelte der Kaiser, nachdem der Lehrer den Raum verlassen hatte. »Um mich herum sterben die alten Weggefährten, während ich hier seltsame Zeichen auf Pergament kritzele ...«

»Wisst Ihr schon, wer des Büllingers Nachfolge antreten soll?«, fragte Liudolf mehr aus Verlegenheit als aus echtem Interesse.

»Eine gute Frage.« Karl dachte eine Weile nach und kam zu einem Entschluss. »Ha, ich weiß es!«

»Mein Kaiser?«

»Du kennst doch meine beiden Gefährten, die Brüder Andreas und Thomas. Die beiden sind in meinem Dienst ergraut, und endlich kann ich mich für ihre Treue erkenntlich zeigen.«

»Aber die beiden sind seit jeher unzertrennlich«, warf der Kammerherr zweifelnd ein, »und wenn Ihr einem von ihnen den Posten gebt, wird der andere alleine dastehen.«

»Wer sagt, dass ich nur einen von ihnen mit dem Schultheißenamt betrauen will?« Der Kaiser lächelte und war zufrieden mit sich selbst. »Sie werden *beide* das Amt bekleiden.«

*

Einige Jahre später

»Ach, die Jagd wird von Mal zu Mal beschwerlicher für mich!«, klagte der Kaiser. Sein Gesichtsausdruck ließ erahnen, dass ihm sämtliche Knochen schmerzten.

»Mein Kaiser, soll ich den Medicus nach Euch schicken?«, fragte einer seiner Begleiter beflissen, doch Karl winkte ab.

»Lass den Quacksalber, wo er ist. Ich will nur vom Pferd steigen und mich ein wenig ausruhen. Eine Rast in der frischen Waldluft wird mir guttun.«

Man half ihm aus dem Sattel und geleitete ihn zu einem umgestürzten Baum, auf dessen moosbewachsenem Stamm er zu sitzen wünschte. Karl bedankte sich bei den Männern und bestand darauf, dass sie ohne ihn weiterjagen sollten. Nur Liudolf, seinen Kammerherrn, wünschte er in seiner Nähe. Gedankenverloren sahen Karl und Liudolf den Reitern hinterher.

»Wo sind wir hier, Liudolf?«, fragte der Kaiser nach einer Weile.

»In den Wäldern von Malmedy, Herr.«

»Malmedy? Oh, dann befinden wir uns ja ganz in der Nähe unserer Freunde.«

»Unserer Freunde?«

»Andreas und Thomas, die beiden unzertrennlichen Brüder. Erinnerst du dich denn nicht? Vor Jahren habe ich ihnen das Schulzenamt von Büllingen übertragen.«

»Natürlich, ich erinnere mich, mein Kaiser. Ihr wart heilfroh, Euch bei ihnen für ihre Treue erkenntlich zu zeigen.«

»Ich habe lange nichts mehr von ihnen gehört. Ob es den beiden gut geht?«

»Die Bevölkerung scheint jedenfalls mit ihnen zufrieden zu sein. Zumindest sind noch keine Klagen über sie in Aachen eingetroffen.«

»Ich hoffe nur, dass ich sie mit dem Amt nicht überfordert habe. Schließlich sind sie ja auch nicht mehr die Jüngsten.« Grübelnd nagte er an seiner Unterlippe. »Liudolf!«, rief er endlich. »Willst du mir einen Gefallen erweisen?«

»Gewiss, Herr.«

»Finde für mich heraus, ob Andreas und Thomas der Last ihres Amtes noch gewachsen sind. Der Gedanke, dass sie sich darin erschöpfen, wäre mir unerträglich.«

»Aber wie soll ich das anstellen?«

»Lass dir etwas einfallen. Verkleide dich als Bauer und beklage dich bei den Schulzen über dieses und jenes. Und berichte mir hinterher, wie sie deine Klagen aufgenommen haben.«

*

»Ihr werdet immer besser, mein Kaiser«, lobte der Lehrer. »Schon bald werdet Ihr einen Text ganz ohne meine Hilfe lesen können.«

»Wird auch Zeit nach all den Jahren des mühseligen Studiums«, erwiderte Karl seufzend. Durch das Lob des Mentors fühlte er sich alles andere als geschmeichelt.

»Wohlan denn, so lasst uns weitermachen. Nehmt Euren Kiel und schreibt folgendes nieder ...« Der Lehrer stockte, weil jemand den Raum betreten hatte und sich räuspernd vor dem Pult aufbaute. Er trug die Tracht eines Bauern, und ein prächtiges Veilchen prangte in seinem Gesicht. Die Brauen des Lehrers verengten sich missbilligend.

»Liudolf! Ihr wisst doch ganz genau, dass der Kaiser es nicht mag, wenn man seinen Unterricht stört. Und überhaupt: Wie seht Ihr eigentlich aus? Stellt man sich so vor seinen Kaiser?«

»Schon gut«, beschwichtigte ihn Karl, »ich hatte Liudolf gebeten, mir unverzüglich Bericht zu erstatten, wenn er aus Büllingen zurückkehrt. Warum er allerdings von dort ein Veilchen mitgebracht hat, wird er mir sicher erklären, wenn ich mit ihm alleine bin. Ich danke Euch für den Unterricht. Ihr dürft Euch für heute zurückziehen.«

Der Lehrer brummte verärgert vor sich hin, packte widerwillig seine Sachen zusammen und verließ mit lauten Schritten den Raum, um auf diese Weise kundzutun, dass er mit der abrupten Beendigung des Unterrichts überhaupt nicht einverstanden war.

»Früher war ich ernsthaft böse, wenn mich jemand beim Lernen störte«, schmunzelte Karl, »doch heute bin ich dankbar für jede Unterbrechung. Ich bezweifle ohnehin, dass ich diese Kunst jemals perfekt beherrschen werde. Sollen meine Söhne und Enkel sich doch damit herumplagen. Doch nun sprich: Wer hat dich so zugerichtet? Ich dachte, du hättest lediglich den Schulzen von Büllingen einen Besuch abgestattet?«

»Das habe ich getan«, bestätigte Liudolf verdrießlich. »Die Schulzen von Büllingen haben mir eine Tracht Prügel verpasst!«

Diese Behauptung verschlug dem Kaiser fast die Sprache. »Andreas und Thomas haben dich verprügelt? Aber warum? Setz dich und berichte!«

Stöhnend ließ Liudolf sich auf einen Hocker plumpsen und rieb seine schmerzenden Körperstellen. »Wie Ihr mir empfohlen hattet«, begann er, »legte ich mir die Kleidung eines Bauern an und suchte die beiden Schulzen auf. Ich berichtete ihnen von Grenzstreitigkeiten, die ich mit meinem Nachbarn hätte, und sie hörten mir geduldig zu. Sie schlugen Lösungen vor, doch ich lehnte sie alle empört ab, denn ich hatte beschlossen, mich wie einer jener Querulanten aufzuführen, die einem nach einer gewissen Zeit unweigerlich die Galle hoch speien lassen.«

»Das war richtig«, lobte Karl, »denn nur so konntest du dir einen wahren Blick über ihr Rechtsempfinden verschaffen.«

»Leider«, fuhr Liudolf fort, »habe ich diese Rolle wohl zu gut gespielt. Als mir noch das eine oder andere Schimpfwort über die Lippen kam, riss den Schulzen der Geduldsfaden. Andreas packte meinen Kopf und drückte ihn durch das Schalterloch einer Bretterwand, die ihre beiden Amtsstuben trennt. Auf diese Weise bewegungsunfähig gemacht, versetzten die Brüder mir eine gehörige Tracht Prügel, die ich mein Lebtag nicht mehr vergessen werde. Schließlich ließen sie mich laufen, mit dem Rat, mich endlich mit meinem Nachbarn zu versöhnen.«

Der Kaiser begann schallend zu lachen. Erst als er dem beleidigten Blick seines Kammerherrn begegnete, fasste er sich wieder.

»Verzeih mir, mein guter Liudolf. Für die Tracht Prügel, die du über dich ergehen lassen musstest, werde ich dich noch gebührend entschädigen. Aber du hast mir einen großen Dienst erwiesen. Weiß ich doch nun, dass ich mich um

Andreas und Thomas nicht zu sorgen brauche. Die beiden sind offenbar noch die Herren ihrer Kräfte, und die Art und Weise, wie sie mit Neidern und Streithammeln umgehen, gefällt mir. Es war die richtige Entscheidung, ihnen das Amt anzutragen!«

Sankt Hubertus' Pferd

(Hohes Venn)

Hohes Venn, in einer Hütte zwischen Malmedy und Sourbrodt, um 1840

»Wo bin ich?«, stammelte Mathias erwachend.

»In Sicherheit«, beruhigte ihn eine dunkle Stimme. Sie gehörte einem älteren Herrn mit einem runden, freundlichen Gesicht. Sanft drückte er Mathias in die Kissen zurück.

Mathias Glieder waren schwer wie Blei. Als es ihm gelang, seine verklebten Augen zu öffnen, blendete ihn flackerndes Kerzenlicht. »Soll das heißen, dass ich im Himmel bin?«, ächzte er.

Der andere lachte. »So weit ist es wohl noch nicht. Wer sind Sie?«

»Mathias Rigler, Kaufmann aus Eupen. Und Sie? Sie sind mein Retter, nehme ich an.«

»Mein Name ist Barthel, und mein Anteil an Ihrer Rettung ist eher gering. Sie selbst fanden den Weg zu dieser Hütte.«

»Ich erinnere mich. Das Licht! Eine einsame Hütte, mitten in diesem gottverlassenen Moor. Es war wie ein Wunder ... Mit letzter Kraft schleppte ich mich hierher!«

»Ein Mann namens Michel Schmitz ließ die Hütte einst in Erfüllung eines Gelübdes errichten, um verirrten Wanderern zu Diensten zu sein. Denn Michel war selbst nur wie durch ein Wunder dem Tod von der Schippe gesprungen, als er sich in dieser Gegend verirrte. Nachdem er die heilige Jungfrau um Hilfe angefleht hatte, fand er den Weg wieder.«

»Dann muss mein Dank wohl nicht nur Ihnen gelten, sondern auch jenem Michel Schmitz und der heiligen Jungfrau.«

»Hier, trinken Sie das!« Barthels Hand schob sich unter Mathias' Kopf und hob ihn vorsichtig an. Der köstliche Geruch heißer Hühnerbrühe stieg dem Erschöpften in die Nase. Erst jetzt merkte er, wie hungrig er war. Dankbar schlürfte er an der Schale, die Barthel ihm an den Mund hielt.

»Erzählt, was Ihnen widerfahren ist! Hat der Nebel Sie überrascht?«, forschte Barthel.

Der Eupener Kaufmann versuchte sich zu erinnern. In der Tat stiegen wallende Nebelschwaden vor seinem geistigen Auge auf: Wie ein Gespenst hatte sich dichter Dunst urplötzlich über die Moorlandschaft gelegt und ein Weiterreiten unmöglich gemacht. Panik hatte Mathias ergriffen, als er begriff, dass es kein Entkommen aus dieser unheimlichen Einsamkeit gab. Die Gewalten der Natur hatten ihn überwältigt, wie ein Raubtier sein nichts ahnendes Opfer ...

Dann hatte das Pferd gescheut. Es hatte ihn abgeworfen und war schnaubend im Nebel verschwunden, dem sicheren Tod entgegen: Das Moor musste das Tier verschlungen haben!

»Es war so schrecklich«, flüsterte Mathias zitternd. Schweiß perlte auf seiner Stirn. »Der Nebel, die Einsamkeit ... Und diese furchtbaren Geräusche, dieses Glucksen aus den Tiefen der Hölle ...«

»Schon gut«, beruhigte ihn Barthel, der seine Neugier angesichts des aufgewühlten Patienten bereute. »Denken Sie nicht weiter daran. Jetzt sind Sie in Sicherheit und sollten noch ein wenig schlafen!«

*

Als Mathias am nächsten Morgen abermals erwachte, fühlte er sich bedeutend kräftiger. Das Innere der Hütte war erhellt durch mildes Sonnenlicht, das durch zwei kleine Fenster fiel. Zum ersten Mal konnte Mathias seinen Wohltäter, jenen freundlichen alten Mann namens Barthel, genauer betrachten. Barthel stand am Herd und rührte in einem Kessel.

»Ah, unser Kaufmann aus Eupen ist aufgewacht«, sagte Barthel lächelnd. »Ich hoffe, Sie sind nun stark genug, um mir beim Frühstück Gesellschaft zu leisten.«

»Ich wüsste nicht, was ich lieber täte«, erwiderte Mathias, erhob sich von seinem Lager und reckte wohlig seine Glieder. Barthel bat ihn an den Tisch, servierte ihm eine Schale Gerstenbrei und freute sich am Hunger seines Gastes. »Wie kann ich Ihnen bloß danken für Ihre Wohltaten?«, fragte Mathias schließlich, als sie ihr Frühstück beendet hatten.

»Ich sagte es Ihnen schon gestern, mein Anteil an Ihrer Rettung war gering«, winkte der alte Barthel ab.

Mathias rieb sich nachdenklich das Kinn. »Ich wünschte, ich könnte mich an alles erinnern«, sagte er. »Ja, zuerst kam der Nebel, und dann lief mein Pferd davon! Und dann? Wie kam ich hierher, traute ich mich doch schließlich kaum, auch nur einen Schritt zu tun, aus Angst, ich könnte im Sumpf versinken.«

»Verzweiflung kann einen Menschen zu ungeahnten Leistungen anspornen.«

»Seltsam ist nur, dass meine Erinnerung mich verlässt, nachdem mein Pferd das Weite gesucht hatte. Ich glaube, ich habe mich einfach hingelegt und bin eingeschlafen.«

»Aber irgendwie sind Sie dennoch zu meiner Hütte gelangt.«

»Offensichtlich! Aber fragen Sie mich nicht, wie ich das geschafft habe, denn ich weiß es beim besten Willen nicht. Ich bin mir wirklich sicher, dass ich geschlafen habe. Sogar geträumt habe ich. Ja, an einen Traum erinnere ich mich klar und deutlich.«

Wieder lächelte Barthel. »Es würde mich interessieren, was eine verirrte Seele mitten in einem Moor wohl träumen mag.«

»Ich träumte«, erwiderte Mathias, »dass plötzlich ein schnaubendes Pferd neben mir stand. Doch es war nicht mein eigenes. Es war kohlschwarz und hatte ...«

»... weiße Füße!«, fiel Barthel ihm erregt ins Wort.

Mathias runzelte verwundert die Stirn. »Ja, es hatte weiße Füße. Aber woher wissen Sie das? Woher kennen Sie meine Träume?«

»Oh, das Ganze war in Wirklichkeit kein Traum, sondern es ist wohl tatsächlich so geschehen!«, rief Barthel und klatschte in die Hände. »Nun verstehe ich alles.«

»Und ich verstehe überhaupt nichts.«

Barthel hob schulmeisterisch einen Zeigefinger. »Ich nehme doch an, mein lieber Mathias, dass Sie ein guter Christenmensch sind, und dass der heilige Hubertus Ihnen ein Begriff ist.«

»Wie? Gewiss, aber ...«

»Der heilige Hubertus führte in jungen Jahren ein nicht gerade vorbildliches Leben«, fuhr Barthel unbeirrt fort. »Vergnügungen waren ihm wichtiger als der Gottesdienst, allen voran die Jagd, von der er selbst am Karfreitag nicht lassen konnte.«

»Das mag sein, aber irgendwann ist er ja bekehrt und ein besonders frommer Mensch geworden, nicht wahr? Sonst wäre er schließlich nicht in den Stand der Heiligen gelangt.«

»So ist es. Aber Tatsache bleibt auch, dass Hubertus durch seine Jagden viel Schaden angerichtet hat, denken Sie nur an die Wiesen und Felder der damaligen Bauern. Deshalb geht hier die Sage, dass Hora, das Pferd des Heiligen, von Zeit zu Zeit zurückkehrt, um Gutes zu tun. Manchmal, so heißt es, pflügt es über Nacht Äcker, manchmal hilft es auch verirrten Wanderern. Hora soll schwarz sein wie ein Rabe, abgesehen von seinen schneeweißen Läufen. Manche nennen es auch das *Pferd von der guten Hilfe.*«

Mathias' Mund stand weit offen. »Sie wollen also allen Ernstes behaupten, dass dieses Pferd mich fand und hierherbrachte?«

»Haben Sie vielleicht eine bessere Erklärung?«, fragte der alte Mann bewegt.

Die Eulen von Rolduc

(Abtei Rolduc)

Die Fabel berichtet von einer Eulenfamilie, die im Kirchturm von Rolduc beheimatet war. Als es in den 1850er Jahren zu umfassenden Restaurierungsarbeiten kam, mussten die Eulen ihr Domizil notgedrungen verlassen und in den Wald ziehen.

Man kennt das, ist man Komfort gewöhnt, tut man sich schwer, wenn dieser plötzlich abhandenkommt. Bei den Eulen von Rolduc war das nicht anders. In einem hohlen Baum zu wohnen bringt einige Unbilden mit sich. Nicht nur, dass man sich mit neuen Nachbarn plagen muss, deren merkwürdiges Betragen oft zu wünschen übrig lässt, auch das Wetter gibt ständig Grund zur Klage. Nichts kann einen trockenen Turm ersetzen, der Wind und Regen mühelos trotzt und zudem Platz für eine ganze Kolonie von Eulen böte.

Und die Jungen erst. Junge Eulen sind heute wie damals nicht anders als junge Menschen. Die neue Umgebung behagte ihnen nicht, und so nörgelten sie ohne Unterlass, Tag für Tag, Nacht für Nacht, dass sie wieder in den schönen Turm zurückwollten. Als der Eulenmutter deshalb der Kragen platzte, schickte sie ihren Gatten zur Abtei, damit er nachsähe, wie weit die Arbeiten am Turm fortgeschritten seien. Der Eulenvater tat, wie ihm geheißen, fand in Rolduc jedoch unverändert eine Großbaustelle vor. Diese Nachricht versuchte er seinen Kindern schonend beizubringen, doch das Ergebnis war noch lauteres Gejammer und Gezeter als zuvor.

Anderentags schickte die Eulenmutter ihren Gatten von neuem nach Rolduc. Aber man weiß ja, wie das ist mit Baustellen, sie sah nicht anders aus als am Vortag. Dem Eulenvater schwante, dass es dauern würde, bis er mit seiner Familie wieder würde einziehen können.

Gleichwohl schickte seine überforderte Gattin ihn von nun an täglich zur Baustelle, und der geduldige Gatte gehorchte widerspruchslos. Tage und Wochen vergingen, und siehe, eines Morgens war der Arbeitertrupp verschwunden und der Glockenturm fertig. Hoch erfreut nahm der Eulenvater das Turminnere in Augenschein, um dann flugs zu seiner Familie zurückzukehren. Endlich konnte er den Seinen die freudige Nachricht überbringen, auf die sie so lange gewartet hatten. Nur – die Eulenkinder wollten nicht mehr.

Man kennt das ja von Kindern, was gestern noch heiß begehrt war, kann morgen schon die langweiligste Sache der Welt sein. Inzwischen hatten die kleinen Eulen sich an den Wald gewöhnt und den komfortablen Kirchturm längst vergessen. Und diesmal galt ihr nervenzehrendes Gejammer der Ankündigung des bevorstehenden Umzuges. Gute Worte waren in den Wind gesprochen, die Kleinen weigerten sich schlicht und ergreifend.

Die Eulenmutter wurde ob der Sturheit ihrer Jungen von Verzweiflung gepackt, wünschte sie sich doch selbst nichts sehnlicher, als zu ihrer alten Wohnstätte zurückzukehren. Auch Eulen sind Gewohnheitstiere, doch was, wenn der Nachwuchs so heftig gegen die Pläne der Eltern rebelliert?

Dem Eulenvater, der es sowohl seiner Gattin als auch den Sprösslingen recht machen wollte, kam zum Glück die rettende Idee. Er erinnerte sich an die Schalllöcher in dem neuen Dach, darunter die hölzernen Schrägen, die doch wunderbare Rutschen abgäben.

Rutschen? Die Eulenkinder horchten auf. Herumtollen nach Herzenslust, das klang nicht übel, zumal die morschen Äste des Baumes hierfür wenig geeignet waren. Ja, Rutschen, das war das Zauberwort. Aufregende Abenteuer winkten, was konnte der Wald ihnen schon Neues bieten? Nichts auf der Welt hätte die Kleinen noch in ihrer Baumwohnung gehalten.

Daraufhin kehrte die Eulenfamilie in den Kirchturm zurück, der Familienfriede war gerettet, und nichts stand der kindlichen Lust der Jungeulen nach endlosen Rutschpartien mehr im Wege.

Ein Scharfrichter versteht die Welt nicht mehr

(Herzogenrath)

Mai 1772

Joseph Kirchhoffs sei zweifellos schuldig, wurde mir versichert, als man mir den Auftrag erteilte. Für mich war diese Gewissheit durchaus nützlich, denn ein Schuldiger ist für gewöhnlich schon bei den Daumenschrauben zu einem Geständnis bereit. Im Falle Kirchhoffs aber sollte alles ganz anders kommen.

Ich heiße Nikolaus Dillenburg und bin Scharfrichter zu Aachen, wie schon mein Vater und mein Großvater dieses Amtes walteten. Es mag nicht das angesehenste Gewerbe sein, aber es ist einträglich. Ich schäme mich dessen nicht, jemand muss diese Arbeit schließlich tun, und nur wenige wären dazu in der Lage. Als Scharfrichter benötigt man beste Kenntnisse vom menschlichen Körper, sonst würde so mancher Gauner die Streckbank nicht überleben. Unser Wissen über diese Dinge ist allseits anerkannt, so dass viele rechtschaffene Leute mit gebrochenen Gliedern oder tiefen Wunden lieber uns aufsuchen statt des Chirurgen. Man hilft ja, wo man kann, und man ist auch kein Unmensch, der den Hilfebedürftigen das Geld aus der Tasche ziehen würde, wie es nämlich viele Chirurgen tun.

Apropos Chirurg: Joseph Kirchhoffs war ein solcher. Und es heißt, er sei ein guter Wundarzt gewesen, der früher als Feldscher in der Armee der Österreicher gedient habe. Jemand wie er weiß ganz genau, was ihn erwartet, wenn man ihn in die Folterkammer führt.

Alles begann an einem trüben Herbsttag 1771. Ich war gerade dabei, die Honorarabrechnung für eine Enthauptung samt vorangegangener Tortur zu erstellen, als Jan, mein junger Gehilfe, mir die Ankunft zweier Herren meldete. Ich empfing sie in meiner Wohnstube.

»Meister Dillenburg«, begann der erste, sich leicht vor mir verneigend (wenngleich ich förmlich spürte, wie gern er die Nase gerümpft hätte), »wir kommen im Auftrag des Schultheißen zu Rode und seiner Schöffen. Wie Ihr vielleicht schon erfahren habt, sitzt der Hauptmann der berüchtigten Bockreiter seit dem Sommer im Kerker der Burg Rode ein. Leider will er seine Untaten nicht gestehen.«

Die Bockreiter, eine Bande von Schelmen und Räubern, trieb seit vielen Jahren ihr Unwesen in der Gegend und darüber hinaus. Die Nachricht, dass ihr Anführer dingfest gemacht worden sei, hatte sich bereits wie ein Lauffeuer verbreitet. Dass es sich hierbei um den bis dahin unbescholtenen Herzogenrather Stadtchirurgen Joseph Kirchhoffs handelte, hatte für Furore gesorgt.

»Ja, das ist mir bekannt«, entgegnete ich dem Boten. Ich ahnte, was die Männer zu mir führte, wollte es aber natürlich von ihnen selbst erfahren.

Die Männer wechselten einen Blick, und dann ergriff der andere das Wort. »Man bittet Euch, Meister Dillenburg, fortan bei den Verhören Kirchhoffs zugegen zu sein.«

»Ihr könntet einen meiner Kollegen fragen«, gab ich zurück.

»Aber man will Euch, Meister Dillenburg. Ihr seid der Beste Eures Gewerbes. Außerdem habt Ihr Erfahrung mit dem Gesindel.«

Sowohl das eine als auch das andere stimmte, wenn ich das in aller Bescheidenheit sagen darf. Schon manchen Bockreiter hatte ich in der Vergangenheit gerichtet, aber meistens waren es kleine Fische gewesen.

»Man ist bereit, Euch mehr Lohn zu zahlen als den üblichen«, beeilte sich der erste zu versichern.

»Ihr müsst nicht mit mir feilschen«, antwortete ich kühl. »Sind die hohen Herren zu Rode von der Schuld des Mannes überzeugt?«

»Sie halten ihn für so schuldig wie die Schächer, die neben unserem Herrn gekreuzigt wurden. Die Beweise sind erdrückend.«

»Wenn es meine Pflicht sein soll, dem Kirchhoffs das überfällige Geständnis zu entlocken, dann muss es wohl so sein. Geht und sagt den hohen Herren, dass ich übermorgen mit meinem Gehilfen auf Burg Rode erscheinen will, sofern ihnen dieser Tag genehm ist.«

Erleichtert, ihren Auftrag erledigt zu haben, zogen die beiden von dannen.

»Ist es wahr, Meister, dass die Bockreiter auf Ziegenböcken durch die Lüfte reiten?«, fragte mich mein junger Gehilfe Jan, der alles mit angehört hatte.

»Sonst hießen sie nicht Bockreiter, oder was denkst du?«

»Nun ja, Meister: Man kann nicht immer vom Namen auf etwas schließen. So muss ich auch zu manchem ›Hochwürdiger Herr‹ sagen, selbst wenn er nicht hochwürdig ist.«

Für diesen frechen Spruch hatte Jan sich eine Ohrfeige verdient, die er auch erhielt. Trotzdem musste ich über ihn schmunzeln.

»Weißt du, Jan, ich glaube ja auch nicht an die Böcke, die durch die Lüfte reiten. Wahr ist aber, dass sie rauben, plündern und oft genug auch morden, diese Bockreiter. Dafür müssen sie bestraft werden.«

»Jawohl, Meister.«

»Morgen wollen wir unsere Instrumente auf den Wagen packen. Sei ausgeschlafen, wenn wir übermorgen nach Rode aufbrechen.«

Ich hatte eine stille Ahnung, dass der Auftrag, der auf mich wartete, mir alles abverlangen würde.

Auf Burg Rode angelangt, führte man mich sogleich in die Dienststube des Schultheißen, ein gedrungener Mann namens de Limpens. Er fasste für mich zusammen, was sich in den vergangenen Monaten ereignet hatte.

»Bereits im Januar«, begann de Limpens, »gaben Mitglieder der Bockreiterbande, derer wir habhaft geworden waren, den Namen Kirchhoffs preis. Sie nannten ihn den Kapitän. Seit vielen Jahren schon sei er der Anführer ihrer Bande. Vor zwei Monaten nahmen wir ihn dann endlich gefangen, als er gerade aus der Kirche kam.«

»Dann muss er ein frommer Bockreiter sein«, warf ich ein. »Doch erlaubt mir die Frage: Warum ließ man acht Monate verstreichen, bevor man ihn festsetzte? Sagtet Ihr nicht, schon im Januar sei gegen ihn ausgesagt worden?«

De Limpens kratzte sich unbehaglich das Kinn, und obgleich er mir keine Rechenschaft schuldete, antwortete er: »Ihr müsst wissen, dass Kirchhoffs einen guten Leumund besaß. Er war ein enger Freund des früheren Abtes von Klosterrath, der große Stücke auf ihn hielt, aber inzwischen verstorben ist. Zudem verwickelten sich die Zeugen in Widersprüche, sodass wir von einer Inhaftierung zunächst absahen.«

»Doch offenbar habt Ihr Eure Meinung nun geändert. Man sagte mir, der Chirurg sei so schuldig wie die Schächer auf Golgotha, wenngleich er seine Missetaten bisher leugnet. Habt Ihr etwa handfeste Beweise für seine Schuld?«

»Nun ja«, druckste der Schultheiß herum, »inzwischen sagten einige weitere Bockreiter gegen ihn aus. Warum sollten sie den Chirurgen beschuldigen, wenn er nichts auf dem Kerbholz hätte?«

»Wurden diese Zeugen peinlich befragt?«

»Aber gewiss doch, Meister Dillenburg.«

»Und Kirchhoffs?«

»Wir haben ihn bislang ohne Scharfrichter verhört, dreimal immerhin, doch sein Geständnis blieb aus. Doch wisst, sein Bruder Baltus wurde im Frühjahr ebenfalls als Bockreiter festgenommen. Das Halunkentum liegt ihnen im Blut.«

»Ist denn wenigstens Baltus Kirchhoffs geständig?«

Der Schultheiß schlug die Augen nieder. »Dummerweise starb er, bevor er gestehen konnte.«

»War er krank?«

»Nun ja ... er hat den Wippgalgen nicht überstanden.«

»Gütiger Gott, was ist denn in Euren Scharfrichter gefahren? Versteht er sein Handwerk nicht?«

»Nun kennt Ihr den Grund, warum wir Euch rufen ließen, Meister Dillenburg. Wir dürfen uns keinen Fehler erlauben, sonst kommt Kirchhoffs am Ende ungestraft davon, und da sei Gott vor. Er ist zäh und widerspenstig, und nur ein Experte wie Ihr kann ihm beikommen. Wenn Kirchhoffs auf der Folterbank nicht gesteht, können wir ihn nicht verurteilen.«

Die hohen Herren zu Rode wollten kein Risiko eingehen. Einen Bockreiter-Hauptmann fängt man schließlich nicht alle Tage. Es ist ja auch nicht so, dass diese Räuber sich im Wald versteckten, wo man sie nur suchen und aus ihren Löchern treiben könnte. Bockreiter leben mitten unter uns, unerkannt, einige viele Jahre lang.

Ich dachte eine Weile über des Schultheißen Worte nach. Mein Schweigen deutete dieser als Zögern.

»Wir werden Euch mehr bezahlen als üblich«, beeilte er sich mir zu versichern.

»Ja, das sagten Eure Boten bereits. Doch bevor ich ans Werk gehe, möchte ich mit Kirchhoffs reden. Seid so gut und lasst ihn mir vorführen.«

»Gewiss, Meister Dillenburg.«

Der Anblick von Folterinstrumenten kann einen Galgenvogel schon zum Singen bringen, noch bevor ich tätig werden muss. Nach allem, was ich bis dahin über Kirchhoffs erfahren hatte, zog ich allerdings nicht ernsthaft in Erwägung, auch er könnte zu dieser Sorte Mensch gehören. Doch die Todesverachtung, die ihm ins Gesicht geschrieben stand, als man ihn in die Folterkammer führte, beeindruckte mich geradezu. Nein, dieser Mann würde nicht gleich beim ersten Schmerz all seine Sünden gestehen. Und auch nicht beim zweiten und dritten.

Die Wächter, die den gefesselten Beschuldigten herbeiführten, wies ich an, ihn auf einen Hocker zu setzen. Ich selbst nahm gegenüber Platz, nur eine Armlänge trennte uns. Die Wächter schickte ich wieder fort. Nur Kirchhoffs, mein Gehilfe Jan und ich blieben in dem Gewölbekeller zurück, wo schon mancher trotzige Geist gebrochen wurde. Jan hielt sich im Hintergrund. Ich hatte ihn angewiesen, gut die Ohren zu spitzen. Die Arbeit eines Scharfrichters besteht nicht nur aus Foltern und Hinrichten, es ist hilfreich, auch in die Seele eines Menschen zu schauen.

»Ich bin Nikolaus Dillenburg«, stellte ich mich Kirchhoffs vor.

»Ich weiß. Ihr seid der Henker aus Aachen!«

In seiner Stimme keine Spur von Furcht. Ein kräftiger Mann im besten Alter, mit wachem Blick.

»Dann wisst Ihr ja sicherlich auch, weshalb man mich herbestellte.«

»Das ist unschwer zu erraten, Meister Dillenburg: Ihr sollt mir ein Geständnis erpressen!«

»Erpressen wäre wohl das falsche Wort, Doktor Kirchhoffs. Werdet Ihr gestehen?«

»Nein!«

»Weil Ihr unschuldig seid?«

»Eure Annahme ist richtig: Ich bin unschuldig!«

Ich mühte mich, mein Lächeln nicht allzu zynisch wirken zu lassen. »Die Herren von der Obrigkeit behaupten etwas anderes. Sie sagen nämlich ...«

»... dass ich so schuldig sei wie die Schächer neben dem Kreuz unseres Herrn, ich weiß.«

»Was habt Ihr dem zu erwidern?«

»Wenn sie mich mit einem Schächer vergleichen, dann sind diese Herren die scheinheiligen Pharisäer.«

»Ihr seid sehr bibelfest.«

»Ihr etwa nicht?«

Ich überhörte seine unverschämte Gegenfrage. »Eine Reihe von Männern hat Euch beschuldigt, der Kapitän der Bockreiterbande zu sein.«

»Ja. Nachdem man sie gefoltert hatte.«

»Hätten sie sonst die Wahrheit gesagt? Ein Eid ist diesen Schurken nicht heilig. Einige haben zugegeben, Gott für alle Zeiten abgeschworen und den Leibhaftigen angebetet zu haben.«

»Nun, was würdet *Ihr* tun, Meister Dillenburg? Stellt Euch vor, Ihr leidet unsägliche Schmerzen. Würdet Ihr nicht alles gestehen, nur damit der Schmerz endlich aufhört?«

Wie oft schon in meiner Laufbahn hatte ich mir das anhören müssen? Manch Verwegener hielt sich für besonders klug, aber das brachte mich schon lange nicht mehr aus der Fassung.

»Mein lieber Doktor Kirchhoffs, spart Euch den Atem, Ihr werdet ihn noch brauchen. Denn als Nächstes wollt Ihr sicher beteuern, wie rechtschaffen Ihr seid und dass Ihr Euch nie etwas zuschulden kommen ließet. Ihr habt keine Ahnung, wie oft ich solche Worte schon hören musste. Ihr seid doch gläubig, wie Ihr behauptet, und Ihr seid sogar regelmäßig zur Heiligen Messe gegangen: Sagt, würde unser Herrgott zulassen, dass ein Unschuldiger die Folter nicht überlebt?«

»Fragt das meinen Bruder Baltus, wenn Ihr einst ins Jenseits kommt. Der Herrgott hat den Menschen niemals versprochen, ihnen bereits auf Erden Gerechtigkeit zuteilwerden zu lassen.«

Es war zwecklos. Ich gab meinem Gehilfen einen Wink.

»Hol die Wächter, Jan, damit sie den Herrn Doktor wieder in seine Zelle bringen!« Und zu Kirchhoffs gewandt: »Heute Nachmittag wird man Euch ein weiteres Mal verhören, aber diesmal werde ich zugegen sein.«

»Dann wünsche ich Euch eine ruhige Hand, Meister Dillenburg!«

Nachdem man ihn weggeführt hatte, fragte mich Jan: »Was denkt Ihr, Meister? Werdet Ihr seinen Trotz brechen?«

Nachdenklich blickte ich auf den leeren Platz, wo der Beschuldigte bis eben noch gehockt hatte.

»Aber gewiss doch, mein Junge. Willst du deinen Meister etwa beleidigen?«

Während Jan mir wortreich versicherte, dass ihm nichts fernerläge, nahm mich ein seltsames Gefühl in Besitz, das ich damals nicht benennen konnte. Heute weiß ich: Es müssen Zweifel gewesen sein.

»Sieh zu, dass unsere Gerätschaften ordnungsgemäß funktionieren!«, befahl ich meinem Gehilfen, bevor ich die Folterkammer vorläufig wieder verließ.

Es kam, wie ich es vorausgeahnt hatte: Kirchhoffs gestand nicht!

Die Daumenschrauben, die ich ihm als Erstes anlegte, waren so nutzlos wie die Hoffnung auf Schnee im Sommer. Kirchhoffs biss auf die Zähne, doch kein Laut des Schmerzes kam über seine Lippen. Und während ich, assistiert von meinem Gehilfen, meiner mühsamen Arbeit nachging, saßen der Richter, Schultheiß de Limpens sowie zwei Beisitzer hinter einem Tisch und stellten dem Beschuldigten immer wieder dieselben Fragen, während ein hakennasiger Schreiber Kirchhoffs Antworten notierte. Das hörte sich etwa so an:

Ob er in der Nacht vom 19. auf den 20. April 1762 den Einbruch im Hof des Bauern Martin Schröder begangen habe?

Nein, das habe er nicht getan, er sei in der besagten Nacht noch nicht einmal in die Nähe des Hofes gelangt.

Ob er die Untat als Kapitän der Bockreiter befohlen habe?

Da er mit der Bande der Bockreiter nichts zu schaffen habe, könne er ihnen schwerlich etwas befohlen haben!

Ob er verantwortlich sei für den Einbruch in der Abtei Klosterrath am zweiten Samstag nach Ostern 1763?

Eine solche Blasphemie würde er niemals begehen, Gott sei sein Zeuge!

Ob er in der Nacht vom 19. auf den 20. September ins Haus der Witwe Jansen in Immendorf eingebrochen sei und sie bestohlen habe?

Er könne sich nichts Unehrenhafteres vorstellen, als eine alte Witwe zu berauben!

Auch die Spanischen Stiefel, die wir Kirchhoffs anpassten, um ihn zu Wohlverhalten zu bringen, verfehlten ihre Wirkung. Alle Beschuldigungen, die man von neuem gegen ihn vorbrachte, leugnete er beharrlich, jeden Schmerz erduldend. Richter und Schultheiß gerieten ins Schwitzen, als wären sie selbst die peinlichen Befragten. Der Schultheiß ordnete an, den Bockreiterhauptmann an den Wippgalgen zu hängen, worauf Kirchhoffs zwar markerweichende Schreie ausstieß und sich zwei ausgekugelte Schultergelenke einhandelte, ein Geständnis jedoch schuldig blieb. Das hatte ich selten erlebt. Der Schultheiß erst recht nicht, nun bat er mich, Kirchhoffs auf das Folterpferdchen zu binden. Ich wies ihn darauf hin, dass die zulässige Zeit für ein peinliches Verhör inzwischen überschritten sei. Der Beschuldigte hätte eigentlich nicht weiter befragt werden dürfen, aber de Limpens nahm es damit nicht so genau, und er schien überzeugt zu sein, dass eine entsprechende Sonderbehandlung Kirchhoffs Widerstand endlich brechen musste.

Daher entkleideten wir Kirchhoffs, fesselten seine nunmehr erschlafften Arme erneut und setzten ihn mit gespreizten Beinen auf den nach oben keilförmigen Holzblock, worin eine scharfe Klinge eingearbeitet war.

Kirchhoffs gestand nichts!

Seine Füße, die den Boden nicht berühren konnten, beschwerten wir mit Gewichten.

Kein Geständnis!

Längst folgte ich de Limpens Anordnungen nur mit Widerwillen. Er befahl uns, Kirchhoffs den eisernen Bügel, dessen Innenseite mit Stacheln besetzt war, um den Hals zu legen. Der Bügel wiederum war mit Stricken an den Wänden befestigt. Wenn man auf diese Stricke schlägt ... – nun, jeder kann sich vorstellen, welche Wirkung dies erzielt. Doch selbst diese Tortur ließ Kirchhoff ohne Geständnis über sich ergehen. Als ich die hohen Herren darauf aufmerksam machte, dass er kurz davorstand, das Bewusstsein zu verlieren, musste die peinliche Befragung beendet werden. Kirchhoffs hatte sie überstanden, ohne sich schuldig zu bekennen. Mit finsteren Mienen verließen de Limpens und der Richter die Kammer, derweil ich und mein Gehilfe den geschundenen Bockreiterhauptmann, der möglicherweise weder Bockreiter noch Hauptmann war, zurück in seine Zelle trugen. Dort versorgten wir seine Verletzungen so gewissenhaft, wie es von einem Scharfrichter verlangt wird.

»Meister«, fragte Jan mich hinterher, »wieso hat er nicht gestanden? Wäre es möglich, dass er unschuldig ist?«

»Das zu entscheiden, ist nicht unsere Aufgabe«, beschied ich ihm kurz angebunden.

»Ohne ein Geständnis müssen sie ihn laufen lassen, nicht wahr, Meister?«

Jan hatte recht: Ein Angeklagter, der die Tortur überstand, ohne seines Vergehens überführt zu werden, durfte nicht verurteilt werden. Aber auch in diesem Fall sah man für Kirchhoffs etwas anderes vor.

Als man mich einen guten Monat später herbeirief, um Kirchhoffs erneut einer peinlichen Befragung zu unterziehen, wunderte ich mich sehr darüber, denn es gab eine Verordnung der Kaiserin Theresia, dass Gefangene nicht mehrfach gefoltert werden durften. Als ich dem Schultheiß de Limpens meine Bedenken mitteilte, wischte er diese mit einer ärgerlichen Handbewegung beiseite.

»Inzwischen liegen weitere Aussagen gegen Kirchhoffs vor! Ich wäre Euch sehr verbunden, Meister Dillenburg, wenn Ihr ihm das Geständnis diesmal ertrotzen könntet!«

Das klang wie ein Vorwurf.

»Niemand wird behaupten, ich sei zimperlich mit dem Beschuldigten umgegangen«, erwiderte ich entrüstet. Wollte der Kerl meine Berufsehre in Frage stellen?

»Aber gewiss nicht«, beschwichtigte de Limpens. »Man könnte eher meinen, der Leibhaftige stehe ihm zur Seite. Ihr seid der Beste Eures Fachs, und ich bin überzeugt, dass Ihr heute Erfolg haben werdet!«

Leider sollte er Unrecht behalten.

Kirchhoffs blieb bei seiner Beteuerung, mit dem Räuberwesen der Bockreiter nie etwas zu tun gehabt zu haben. Daumenschrauben, Spanische Stiefel, Wippgalgen und Folterpferdchen vermochten abermals kein Geständnis zu erzwingen, und ich muss zugeben, dass ich Kirchhoffs insgeheim höchsten Respekt für seine Standhaftigkeit zollte.

»Ihr solltet die Befragung abbrechen!«, empfahl ich dem Schultheißen, als Kirchhoffs Atem fast auszusetzen drohte. De Limpens zögerte, weshalb ich ein weiteres gewichtiges Argument hinzufügen musste. »Wenn er wie sein Bruder Baltus das Verhör nicht überlebt, wird das auch auf Euch zurückfallen, Herr de Limpens. Wollt Ihr das?«

Natürlich wollte er das nicht, er konnte nicht immer alles auf den Scharfrichter schieben. Also endete auch das zweite Verhör wie das erste, nämlich ohne Geständnis.

Dennoch sprach das Gericht ihn zwei Tage später schuldig. Als dem Chirurgen das Urteil verkündet wurde, sagte er: »Meine Herren, Sie sind im Begriff, einen Unschuldigen zu ermorden!« Damit nicht genug, wie es heißt, ließ man

Kirchhoffs hinterher noch ein weiteres Mal foltern (diesmal ließ man mich nicht mehr dafür rufen), bevor er am 11. Mai 1772 am Galgen auf dem Beckenberg zu Herzogenrath vor einer großen Menschenmenge sein Leben aushauchte. »Jesus, dir lebe ich, dir sterbe ich!«, sollen seine letzten frommen Worte gelautet haben. Spricht so ein gewissenloser Bandit?

Wochen später kam Jan, mein vorlauter Gehilfe, noch einmal auf die Ereignisse in den feuchten Kellern der Burg Rode zu sprechen.

»Meister, denkt Ihr, es hat Eurem Ruf geschadet, dass der Bockreiterhauptmann ohne Geständnis am Galgen geendet ist?«

Meine Antwort bestand aus einer zünftigen Ohrfeige.

»Die Seile der Streckbank müssen erneuert werden!«, befahl ich ihm streng.

»Jawohl, Meister«, murmelte Jan, sich die Wange reibend.

Wo käme man denn hin, wenn der Meister die Gesellen an den Zweifeln, die ihn plagen, teilhaben ließe?

Karls Vision

(Aachen)

Die Gründung der Stadt Aachen

Die drei Reiter warfen einander ratlose Blicke zu. Seit fast zwei Stunden schon war ihr König, Karl, der später einmal sogar ihr Kaiser werden sollte, spurlos im Wald verschwunden.

»Wir hätten ihn nicht aus den Augen lassen sollen«, sagte Einhard, der Gelehrte, zum wiederholten Male. Sein Nebenmann, Truchsess Eggihard, schüttelte energisch den Kopf.

»Lamentieren hilft uns nicht weiter. Wir alle kennen Karl – manchmal liebt er eben die Einsamkeit.«

»Aber dass dieses Bedürfnis ihn während einer Jagd überkommt, ist etwas Neues«, widersprach ihm der Gelehrte. »Außerdem weißt du doch auch, dass er einem verwundeten Hirsch nachsetzte. Sein Verschwinden deutet keineswegs auf ein plötzliches Bedürfnis nach Abgeschiedenheit hin.«

»Und was schlägst du jetzt vor?«

»Was schon? Wir müssen ihn suchen.«

»Er hasst es, wenn wir uns wie seine Kindermädchen aufführen.«

»Was heißt hier Kindermädchen?«, fuhr Einhard auf. »Vielleicht ist er vom Pferd gefallen und hat sich ein Bein gebrochen. Oder gar seinen Hals! Dann warten wir morgen noch hier auf seine Rückkehr.«

»Der König vom Pferd gefallen?« Eggihard lachte erheitert. »Das lässt du ihn besser nicht hören.«

»Auch ein guter Reiter ist nicht gefeit gegen die Unbilden der Wildnis«, hielt Einhard ihm trotzig entgegen. »Und wer weiß? Vielleicht ist er ja auch das Opfer meuchelnder Strauchdiebe geworden.«

»Wehe dem Strauchdieb, der unserem König vors Schwert läuft«, erwiderte der Truchsess grinsend, wurde aber augenblicklich wieder ernst. »Na schön, du hast ja Recht, Einhard. Wir haben lange genug auf ihn gewartet und sollten nun Ausschau nach ihm halten.«

Der dritte im Bunde, Karls Neffe Roland, hatte der Debatte der beiden bislang stumm gelauscht. »Aber die Treiber wollen nach Hause«, gab er zu bedenken. »In einer guten Stunde wird es dunkel.«

»Ich sag's doch«, stöhnte Einhard, »wir hätten viel eher mit der Suche beginnen sollen.«

In diesem Augenblick ertönte aus der Ferne der Hall eines Jagdhornes.

»Das ist der König!«, riefen die drei Männer einhellig und trieben ihre Pferde an.

Sie staunten nicht schlecht, als sie den König schließlich inmitten einer von Ruinen umgebenen Lichtung fanden. Karl war vom Pferd gestiegen und betrachtete die Quelle, die vor seinen Füßen heiß aus der Erde sprudelte. Als er der erleichterten Ankömmlinge gewahr wurde, winkte er sie herbei.

»Da seid ihr ja endlich«, sagte er. »Schaut euch das hier mal an!«

Einhard räusperte sich. »Mein König, wir haben uns große ...«

»Sorgen gemacht, ich weiß.« Karl seufzte leise. »Das ist das Los eines Königs. Selbst wenn er austreten muss, gibt es immer jemanden, der sich um ihn ängstigt. Doch während ihr mal wieder Gespenster gesehen habt, hat mein Falbe«, er tätschelte den Hals seines Pferdes, »eine interessante Entdeckung gemacht.«

»Euer Pferd hat diese Quelle entdeckt?«, wunderte sich Eggihard.

»Ja, das hat es, wenn auch unfreiwillig. Fast wäre es mit seinen Vorderläufen im Boden versunken. Als ich es aus seiner misslichen Lage befreite, stieg plötzlich Dampf aus der Erde auf. Dann folgte das Wasser.«

Roland reckte schnuppernd seine Nase in die Höhe. »Riecht nach Schwefel«, meinte er mit Unbehagen. »Hoffentlich steht nicht gleich der Höllenfürst vor uns.«

»Dass ich das noch erleben darf«, kommentierte Karl lachend, »mein tapferer Neffe ängstigt sich. Nein, Roland, sei unbesorgt. Mit dem Teufel hat das wohl nichts zu tun.« Er deutete auf die Ruinen ringsum. »Schon die Römer sollen hier gebadet haben. Und bekanntlich wussten die ja, was gut ist.« Nachdenklich wiegte er sein Kinn und kam zu einem Entschluss. »Helft mir beim Entkleiden!«, befahl er den drei Männern. Die warfen einander irritierte Blicke zu.

»Ihr habt schon richtig gehört. Ich möchte baden! Seht die Mulde dort, in der sich das Wasser sammelt – das ist ein Bad ganz nach meinem Geschmack!«

»Herrlich«, sagte der König schließlich, als er im Wasser versank, und streckte wohlig seine Glieder aus. »Da kehrt das Leben in meine wehen Knochen zurück. Warum versucht ihr es nicht auch einmal?«

Eggihard und Einhard schüttelten ihre Köpfe. »Vielleicht ein anderes Mal«, erwiderte der Truchsess mit einem gequälten Lächeln.

»Und du, Roland? Wo ist dein Entdeckergeist geblieben?«

»Glaubt Ihr wirklich, dass dieses Schwefelwasser Euch nicht schaden kann?«, fragte der junge Mann unschlüssig.

»So wahr ich hier sitze, ich fühle mich plötzlich zwanzig Jahre jünger.«

»Das kann mir nicht passieren, denn dann würde ich mich wohl in Luft auflösen«, witzelte Roland, der den Gedanken, der Onkel könne ihn für ein Hasenherz halten, nicht länger ertragen konnte. Deshalb begann auch er sich zu entkleiden, um seinem König in das heiße Nass zu folgen.

»Ihr wisst ja nicht, was euch entgeht!«, rief Karl den beiden anderen zu. »Einhard! Hast du etwas zu schreiben dabei?«

»Nein, mein König, wir befanden uns schließlich auf der Jagd.«

»Macht nichts, dann höre mir gut zu: Hier, an dieser Stelle, will ich eine Pfalz errichten.«

»Was, hier mitten in dieser Wildnis?« Einhard ließ seinen Blick skeptisch in alle Richtungen schweifen. »Mit Verlaub, mein König, aber dies scheint mir eher eine Gegend für Einsiedler zu sein.«

»Nicht mehr lange. Hier errichten wir ein Badehaus«, fuhr Karl eifrig fort, »und dort eine große Kirche. Und da hinten – seht ihr sie schon, die prächtigen Palastgebäude? Ein zweites Rom will ich erbauen! Glaubt mir, es wird eine wunderbare Stadt sein. Ach, warum wollt ihr nicht meine Badefreuden teilen? Das würde auch euch davon überzeugen, dass dies genau der richtige Platz für eine Pfalz ist.«

»Der König hat Recht!«, rief Roland begeistert. »Das Wasser ist äußerst erquicklich!«

»Karl wird keine Ruhe geben, bis wir zu ihm ins Bad steigen«, raunte Einhard dem Truchsess zu. »Sollen wir?«

»Also gut.« Eggihard seufzte ergeben und streifte sich die Kleidung vom Leib. »Wenn es seinem Rheuma guttut, dann vielleicht auch unserem.«

Hauptgewinn Anno dazumal

(Gressenich)

»Nichts!«

Engelberts Stimme zitterte vor Wut und Verzweiflung. Seit Tagen rackerte er bis zur Erschöpfungsgrenze, und dennoch hatte er allenfalls eine Hand voll Erz aus dem Berg geschlagen – zu wenig, um die vielen hungrigen Mäuler daheim zu stopfen. Sein Stollen schien kaum noch etwas herzugeben. Wenn nicht bald ein Wunder geschah, würde grenzenloses Unheil über seine Familie kommen.

Sein Rücken schmerzte unerträglich. Flüche murmelnd packte er seine Sachen zusammen, griff nach der Lampe und stapfte müde durch den Stollen nach draußen.

Das letzte Licht des Tages empfing ihn und stach in seinen Augen. Vögel sangen auf den Bäumen, als gäbe es weder Kummer noch Leid auf dieser Welt.

»Schnäbel halten, ihr Baumkrächzer!«, schrie Engelbert missmutig.

»Glück auf!«, hörte er eine tiefe Stimme hinter seinem Rücken. Er fuhr herum. Ein großer Mann in Bergmannstracht stand dort und lächelte ihn freundlich an. Ein wallender Bart bedeckte seine Brust. Engelbert erwiderte seinen Gruß mit einem stummen Kopfnicken.

»Haben die Vögel dir etwas zu Leide getan, dass du sie derart beschimpfst?«, wollte der Fremde nun wissen.

»Nein, das haben sie nicht«, erwiderte Engelbert seufzend. »Doch ich muss zugeben, dass ich ein wenig neidisch auf sie bin. Der himmlische Vater ernährt sie, obwohl sie doch weder säen noch ernten. Und ich? Ich wühle wie ein Blöder in meinem Stollen, ohne auf einen grünen Zweig zu kommen, während mein Weib und meine Kinder mit knurrenden Mägen zu Hause sitzen.«

»Warum gehst du nicht einfach noch einmal in deinen Stollen und versuchst dein Glück von Neuem? Gewiss wirst du schon bald auf eine ergiebige Ader stoßen.«

»Neunmalkluger Trottel«, hätte Engelbert ihm gerne geantwortet, doch er biss sich auf die Zunge: Seine Mutter hatte ihn einst gelehrt, fremden Menschen gegenüber immer höflich zu bleiben. Und in seinem bisherigen Leben hatte er diesen Rat meist beherzigt und war gut damit gefahren. Zur Not würde er lieber später wieder die Vögel des Himmels beschimpfen. Dies hatte die Mutter ihm schließlich nicht verboten – zumindest nicht ausdrücklich.

»Werter Herr«, erwiderte er deshalb kopfschüttelnd, »die Mine ist erschöpft und gibt kaum noch Erz her. Mir scheint, als müsste ich künftig woanders nach meinem Glück graben.«

»Ich an deiner Stelle würde es trotzdem noch einmal wagen – hier und jetzt!« Mit diesen geheimnisvollen Worten verließ ihn der Fremde.

»Der hat gut reden«, brummte Engelbert vor sich hin. »Gleich wird es dunkel, und zu Hause werde ich sehnsüchtig erwartet.« Dann aber dachte er an die langen, enttäuschten Gesichter, wenn er seinen Lieben offenbaren musste, dass sein Tagewerk wieder einmal fruchtlos geblieben war. Außerdem: Der seltsame Fremde hatte so eindringlich gesprochen! Wusste er vielleicht mehr, als er zugab? Möglicherweise hatte er ja tatsächlich einen Sinn für verborgene Erzadern, auch wenn dann immer noch die Frage offenblieb, weshalb er sein Wissen überhaupt preisgab, anstatt es für sich selbst zu nutzen.

Engelbert hob seine Schultern und kehrte zu seinem Stollen zurück. Was hatte er schon zu verlieren? Wenn der Fremde tatsächlich Recht behielt, war's gut, wenn nicht, konnte das seine Lage nicht weiter verschlimmern.

*

Am Himmel prangte bereits ein heller Mond, als Engelbert – flink wie ein Knabe, als sei er niemals müde gewesen – Richtung Gressenich rannte, wo seine Familie sich sicher schon um ihn sorgte. Eine große Gestalt versperrte ihm plötzlich den Weg. Engelbert erschrak. Als er aber den Fremden von vorhin erkannte, der ihn fragend ansah, schwand seine Angst. Seltsamerweise hatte der Fremde seine Bergmannstracht inzwischen gegen vornehme Kleidung getauscht.

»Ah, Ihr seid's, mein Herr«, begrüßte Engelbert ihn freudig.

»Hast du die Ader gefunden, die ich unter der Erde vermutete?«, fragte der andere mit seiner tiefen, freundlichen Stimme.

»Das kann man wohl sagen, Herr.« Engelbert zog ein Säckchen hervor, öffnete es und präsentierte den Inhalt seinem prophetischen Ratgeber. »Seht her, das ist Eisenstein von allerbester Güte. Ich weiß gar nicht, wie ich Euch dafür danken soll.«

Der Fremde betrachtete den Inhalt des Säckchens und hob seine Augenbrauen. »Wie Eisenstein sieht das aber nicht aus, was du da geschürft hast«, widersprach er dem völlig aufgeregten Engelbert.

»Aber gewiss doch, Herr. Das könnt Ihr mir schon glauben, ich weiß, wie Eisenstein aussieht.«

»Das weiß ich auch. Und ich sage dir: Das Zeug in deinem Beutel dort ist keines!«

Engelbert schluckte und wusste nicht recht, wie er sich seinem Wohltäter gegenüber verhalten sollte, dem er die Entdeckung der Ader schließlich zu verdanken hatte. Einen Streit wollte er nicht vom Zaun brechen, deshalb zog er eine beleidigte Schnute und schielte in sein Säckchen. Plötzlich wurde sein Gesicht, soweit man das zwischen den dunklen Rußflecken beurteilen konnte, abwechselnd rot und weiß.

»Was hast du?«, wunderte sich der Fremde.

Engelbert starrte ihn an wie eine Erscheinung. »Ihr habt Recht ...«, stammelte er nach einer Weile. »Es ist kein Eisenstein ...«

»Was habe ich dir gesagt? Was ist es also sonst?«

»Es ist ... es ist ...«

»Gold?«, fragte der Fremde gleichmütig, als sei dies die naheliegendste Vermutung.

Engelbert konnte nur noch nicken. Der Anblick des glänzenden Metalls hatte ihm die Sprache verschlagen.

»Das freut mich für dich. Nun braucht deine Familie nicht länger Hunger zu leiden.«

»Nein, Herr«, fand Engelbert allmählich seine Sprache wieder. »Wie … wie kann ich Euch dafür danken?«

Mit einem Mal beschlich ihn das beklommene Gefühl, der Fremde könne eine unerfüllbare Gegenleistung für seinen mehr als nur kostbaren Rat verlangen, doch er entpuppte sich als völlig anspruchslos.

»Oh, du brauchst mir nicht zu danken. Lebte deine Mutter noch, so könntest du dich wohl bei ihr für deine gute Kinderstube bedanken!«

Engelbert begriff überhaupt nichts, doch als er weitere Fragen stellen wollte, war der Fremde verschwunden, als hätte der Erdboden ihn vertilgt.

»Träume oder wache ich?«, fragte sich Engelbert, der nicht wusste, ob er diesem merkwürdigen Erlebnis trauen konnte.

Ein aufflatternder Nachtvogel, der offenbar Freude daran hatte, für seine Notdurft eine Zielscheibe zu erwählen, beantwortete die Frage des zweifelnden Bergmannes. Engelbert griff in die Bescherung auf seiner Schulter und beschnupperte seine Hand.

»Ich träume nicht, ich bin wach!«, rief er der Eule jubelnd nach. »Tausend Dank, du liebenswerter Baumkrächzer. Und lass dich bei Gelegenheit mal wieder über mir blicken …«

Die Hexe von Geich

(Geich)

Es ist bitterkalt im Hexenloch. Doch Kälte macht der alten Gertrud längst nichts mehr aus. Kälte ist für sie ein Relikt aus einem früheren Leben, irgendwann spürt man sie kaum noch, nimmt man sie ebenso gleichgültig zur Kenntnis wie die quiekenden Ratten, die tagein, tagaus umherhuschen.

Viel schlimmer als Kälte und Ratten sind die Dunkelheit und das Bewusstsein, dass es eine Welt des Lichtes gibt, in der selbst in der Nacht ein Mond zu scheinen vermag. Aber in diesem Loch haben Tag und Nacht keine Bedeutung. Niemals weiß die alte Gertrud, ob es gerade Morgen oder Abend ist. Und eigentlich ist es auch nicht wichtig – was würde es ändern an ihrem Los?

Sie hat jegliches Zeitgefühl verloren. Wie viele Monate mag es her sein, dass Leute des Grafen an ihrem Hof erschienen und sie in Fesseln legten? Acht? Oder zehn?

Bruno, der zahnlose Kerkermeister auf Schloss Merode, hat kürzlich – war es gestern oder schon vor einer Woche? – behauptet, dass seitdem sieben Jahre vergangen seien. Sieben lange Jahre! Aber das glaubt sie ihm nicht. Entweder hat der Schelm sich einen dummen Spaß erlaubt, oder sein Gedächtnis ist noch miserabler als sein Gebiss. Möglich auch, dass er einfach die Jahre mit den Monaten verwechselt hat. Ja, das würde wohl am ehesten zu dem einfältigen Kerl passen, denkt sich Gertrud. Wie auch immer, Bruno ist der einzige Mensch, mit dem sie regelmäßig ein paar Worte wechseln kann. Manchmal ist er sogar recht gesprächig. Dann nennt er sie »Dröggche«. Und wenn er diesen Namen ausspricht, klingt es, als spreche er zu einer lieben Verwandten, die er in sein Herz geschlossen hat. Offenbar fürchtet er sich nicht vor dem bösen Hexenzauber, den auszuüben sie beschuldigt wird.

Einmal nur in all der Zeit hat sie dieses elende Loch verlassen können. Da hat man sie vor eine Art Tribunal geführt, dem Männer in schwarzen Kutten vorstanden.

Zuerst hat man ihr Fragen gestellt. Wer sie sei, wo sie wohne, ob sie verheiratet sei, wie viel Land sie ihr Eigen nenne und dergleichen mehr. Wahrheitsgemäß hat sie die Fragen der Mönche beantwortet. Ihr Name sei Gertrud und sie habe – bis zum Tage ihrer Verhaftung – mit dem Gesinde auf ihrem Hof zu Geich gelebt. Diesen habe sie einst von ihren Eltern nach deren Tod übernommen. Auch ein größeres Waldstück zähle zu ihrem Besitz. Geheiratet habe sie nie, da sich niemals ein Mann um ihre Gunst beworben habe.

Was denn die Männer ihrer Meinung nach davon abgehalten habe, um sie zu freien, hat man von ihr wissen wollen, und einer der Kuttenträger glaubte die Antwort gleich zu kennen: »Weil ein jeder Angst vor ihren schwarzen Künsten hat!«

Daraufhin hat man sie mit schwersten Vorwürfen belastet: Sie habe Unwetter herbeigezaubert und das Vieh verhext. Außerdem sei sie verantwortlich für den Tod von zwei Säuglingen aus ihrer Nachbarschaft in Geich.

Als sie diese Beschuldigungen empört zurückwies, hat man sie in einen schaurigen Keller geführt, in dem ein schwarz maskierter Knecht bereits auf sie gewartet zu haben schien. Doch selbst während der peinlichen Befragung ist Gertrud standhaft geblieben. Schließlich hat man die Halbtote wieder ins Verlies geworfen, sie an die klirrende Kette gelegt, sie weiter ihrem Elend und ihrem unsäglichen Schmerz überlassen. Seitdem hat sie außer Bruno nie wieder einen Menschen gesehen.

Als das eisenbeschlagene Tor des Verlieses sich unter lautem Gequietsche öffnet, glaubt sie, dass es auch diesmal der zahnlose Kerkermeister ist, der ihr ein paar Brotkrumen bringt. Herein treten jedoch zwei Mönche. Einer von ihnen trägt eine blakende Fackel. Das ungewohnte Licht schmerzt in den Augen der Gefangenen. Erst als ihre trüben Augen sich an den Schein gewöhnt haben, erkennt sie, dass sich in der Begleitung der beiden auch der schwarze Folterknecht

befindet. Ihr Herz verkrampft sich. Dennoch besitzt sie die Kraft, die Eintretenden trotzig anzustarren.

»Verbinde ihr die Augen«, befiehlt einer der Mönche dem Folterknecht, »bevor ihr böser Blick uns zu schaden vermag!«

Der Angesprochene gehorcht. Gertrud hört die sonore Stimme des Mönches, der sie beschuldigt, sogar von diesem finsteren Loch aus ihren Zauber noch auszuüben, denn eine Seuche begänne sich unter den Schweinen der Herrschaft auszubreiten. Nur ihre eigenen Tiere seien bislang davon verschont worden. Dies lasse die alleinige Folgerung zu, dass sie mit dem Leibhaftigen im Bunde stehe. Da sie aber nicht bereit sei, ihre gotteslästerliche Schuld zu gestehen, müsse man den Beweis eben auf andere Weise herbeiführen.

Der Folterknecht packt grob ihren Kopf und beginnt, ihr das Haupthaar zu schneiden. Stumm lässt Gertrud ihn gewähren, schickt ein stilles Gebet Richtung Himmel, bis die Stimme des Mönches wieder durch das Verlies schallt.

»Da, an ihrem Scheitel: das Hexenmal! Welches Beweises bedarf es noch?« Sein Triumphgeschrei mündet in einen unterdrückten Fluch. Überall beginnt es den Gottesmann plötzlich zu kratzen. »Läuse!«, ruft er wütend. »Das Weib hat mir Läuse auf den Leib gehext! Aber schon bald werden solche Zaubereien ein Ende finden! Noch heute wird die Hexe brennen!«

Als die Mönche und der Folterknecht das Hexenloch verlassen haben, dauert es nicht lange, und der gute Bruno kniet vor der Veurteilten, nimmt ihr mit einer beinahe zärtlich anmutenden Bewegung die Augenbinde ab. »Natürlich gibt es in einem Kerkerloch Läuse«, brummt er in sich hinein. »Ob die frommen Brüder etwa geglaubt haben, es würde hier Rosenblätter auf sie hinabregnen?« Seufzend fügt er hinzu: »Ach Dröggche, ich werde dich sehr vermissen …«

Es regnet aus einem grauen Himmel. Der Wagen, auf dem sie gefesselt sitzt, poltert unbarmherzig über die schlammige Straße. Menschen stehen am Wegesrand und gaffen.

Manche rufen ihr wüste Beschimpfungen nach. In Geich entdeckt sie Leute ihres Gesindes unter den Gesichtern der Schaulustigen. Sie erkennt den Unglauben in ihren Zügen. Niemals hätten sie wohl gedacht, dass ihre alte Herrin eine Hexe ist. Und vielleicht, so hofft Gertrud, weigern sie sich, daran zu glauben. War sie ihnen nicht immer eine gütige Herrin gewesen?

An Gertruds Schicksal ändert dies freilich nichts. Man hat unwiderruflich ihren Tod beschlossen. Und die alte, tapfere Frau ist längst bereit zu sterben. Schließlich kennt der Herr im Himmel die Wahrheit.

Auf dem »Schöbbich« zu Echtz ist die Richtstätte längst vorbereitet. Überall stehen Menschen; der Regen hält sie nicht davon ab, der Hinrichtung beizuwohnen. Gertrud lässt ihren Blick durch die Menge schweifen. Wer hat sie wohl angezeigt, wer hat ihr Übles gewollt? Sie wird es nicht mehr erfahren. Überrascht erkennt sie den Grafen, den es ebenfalls zum Richtplatz verschlagen hat. Zwei Knappen befinden sich in seiner Begleitung. Auf einem weißen Pferd sitzend, schaut der Meroder mit ernster Miene zu ihr herüber.

»Meinen Glückwunsch, Herr Graf!«, ruft Gertrud, sodass die raunende Menge plötzlich verstummt. »Nach alter Sitte fällt mein Besitz nach meinem Tod an Euch zurück. Hoffentlich verschluckt Ihr Euch nicht daran!«

Ein Henker zerrt Gertrud vom Wagen und führt sie hinauf zum Richtpfahl. Wieder klirren Ketten, rücklings an ihren Händen. Ein paar Burschen schichten eilig trockenes Holz auf. »Es ist Holz aus deinem Wald, Hexe!«, erklärt ihr der Henker. Obwohl er eine Maske trägt, erahnt Gertrud das höhnische Grinsen, das seine Mundwinkel umspielt. Ein Priester steigt zu ihr empor, nimmt ihr die Beichte ab. Flüsternd bekennt Gertrud ihre Sünden – auf ihr Geständnis, mit dem Teufel paktiert zu haben, wartet der Geistliche allerdings vergebens.

Die Flammen beginnen zu züngeln und zu prasseln. Dunkler Rauch steigt auf. Schweigend schauen die Menschen auf die Todgeweihte, aus deren Mund kein Klagelaut kommt. Auch als das Feuer ihr graues Büßergewand ergreift, bleibt sie stumm. Der Ekel erregende Gestank verbrannten Fleisches breitet sich aus.

Ein Reiter nähert sich im Galopp dem Richtplatz. Ein Mann des Grafen, ohne Zweifel. Rasch macht die Menge ihm Platz.

»Was kann so wichtig sein, dass du es für nötig hältst, mich hier und jetzt zu stören?«, fragt der Graf ihn ungehalten.

»Um Vergebung, mein Graf«, erwidert der Ankömmling atemlos, »aber ich wollte mich vom Tod der Hexe so rasch wie möglich überzeugen, bevor weiteres Unheil geschieht!«

»Von welchem Unheil sprichst du?«, forscht der Graf, bleich geworden.

»Erinnert Ihr Euch? Gestern gabt Ihr den Befehl, alle Kühe auf das Land am Waldesrand zu treiben – das Land, das einst dieser Hexe gehörte.«

»Natürlich erinnere ich mich. Und was weiter?«

Der Reiter schnappt immer noch nach Luft. »Die Tiere sind tot«, verkündet er, »qualvoll verendet von dem giftigen Gras, das dort zu wachsen scheint!«

Finster starrt der Graf auf den Scheiterhaufen, in dessen Flammen die Hexe von Geich ihr Leben aushaucht.

Ein ganz spezielles Wappen

(Merode)

Sengend brannte die Sonne vom Himmel, obwohl der Mai gerade erst fünf Tage alt war. Wie im Hochsommer trieb die Mittagshitze den Männern den Schweiß aus allen Poren. Bis der Graf ein Erbarmen mit seinen Begleitern hatte und hinter einem Weiler bei Kerpen eine Rast anordnete. Also stiegen sie aus den Sätteln: Herr Werner von Merode, Herr Wilhelm von Frenz, des Grafen jüngerer Bruder Walram und deren Knappen. Allein der Graf selbst blieb auf seinem Rappen sitzen, für seine Unrast war er bekannt. Er blickte auf ein nahes Wäldchen. »Während Ihr Euch ausruht, will ich sehen, ob ich einen Rehbock oder einen Keiler aufstöbern kann«, verkündete er, nach seinem Bogen am Sattelknauf tastend. »Eine Stunde, dann ziehen wir weiter. Bis zum Abend werden wir in Köln sein.«

Dorthin waren die Männer nämlich unterwegs, weil man ihnen die Ehre der Außenbürgerschaft antragen wollte. Die Stadtkölner, im ständigem Clinch mit ihrem Erzbischof, konnten jeden Bündnispartner gut gebrauchen.

»Ihr solltet nicht ohne Begleitung in den Wald reiten, mein Graf«, gab der Meroder zu bedenken. »Man kann nicht wissen, welche Strolche in dieser Gegend gerade ihr Unwesen treiben!«

Der Graf lachte schallend – wer hätte Wilhelm von Jülich jemals Furcht einjagen können?

»Die kämen mir nicht ungelegener als ein Rehbock. Oder denkt Ihr vielleicht, ich bräuchte Waffenhilfe, um mit ein paar zerlumpten Strauchdieben fertig zu werden?«

Strauchdiebe waren des Meroders geringste Sorge. Der Jülicher hatte so viele Feinde, dass man sie kaum aufzuzählen vermochte. Doch am Entschluss des abenteuerlustigen

Grafen würde wohl nicht einmal der Weltuntergang etwas ändern.

»Warum legt Ihr Euch nicht solange in den Schatten?« Graf Wilhelm wies auf den Birkenhain abseits des Weihers. »Walram, Bruder, sei so gut und besänftige unseren Freund Werner, der sich wieder einmal grundlos um mich sorgt. Und Ihr, Wilhelm«, schmunzelte er dem Frenzer zu, »schaut nicht so verängstigt drein, ich bin ja bald zurück!« Und schon galoppierte er davon, den staubigen Pfad in Richtung Wald entlang.

»Grundlose Sorge?«, murmelte der Meroder, indem er ihm zweifelnd hinterherblickte.

»Sein Wort in Gottes Ohr«, sagte Wilhelm von Frenz kopfschüttelnd.

»Eines Tages wird sein Leichtsinn ihm zum Verhängnis werden«, sagte Walram von Jülich, obgleich sein Bruder ihn doch darum gebeten hatte, kein Öl ins Feuer zu gießen. »Kommt, ruhen wir uns ein wenig aus und hoffen, dass er seinen Jagdhunger stillen kann. Sonst ist es nämlich vorbei mit seiner guten Laune.«

Werner von Merode, Walram von Jülich und Wilhelm von Frenz, drei Männer in den besten Jahren, doch dem älteren und unverwüstlichen Grafen an Kräften nicht ganz ebenbürtig, steuerten den Schatten unter den Kronen der aufblühenden Birken an. Eine Stunde Rast, das würde ihren vom Ritt malträtierten Knochen gut tun. Währenddessen kümmerten sich ihre Knappen um die Pferde.

Jan, der junge Knappe des Meroders, war es allmählich leid, von seinen drei Kameraden immerzu gehänselt zu werden. Keine üblen Burschen im Grunde, doch jetzt wollten sie es wohl auf die Spitze treiben. Nicht, dass ihre Neckereien persönlich gemeint oder gar beleidigend gewesen wären. Sie richteten sich nur auf etwas, was es gar nicht gab: auf das Wappen der Herren von Merode!

»He, Jan«, alberte Hugo, des Grafen Knappe, während sie am Weiher die Pferde tränkten, »sieh zu, dass die Schabracke nicht ins Wasser fällt. Sonst haftet am Ende noch ein Frosch daran, und alle werden denken, es sei das Wappen der Merode.«

Die beiden anderen Knappen lachten übertrieben, als hätten sie nie etwas Witzigeres gehört. Nun ja, ein garstiger grüner Frosch auf einem goldgelben Hintergrund, das war in der Tat ein komischer Gedanke.

Immerhin hatte Herr Werner das Goldgelbe zur merodischen Farbe erhoben. Waffenrock, Schild, die Schabracke seines Streitrosses – alles glänzte wie die Sonnenscheibe am heutigen Frühlingshimmel.

»Hört endlich damit auf«, brummte Jan, ohne ernsthaft zu glauben, dass sie seinem Wunsch nachkämen.

»Oder eine Wassernixe«, sagte Walrams Knappe. »Stellt euch das einmal vor, eine Wassernixe! Da hätte dein Herr leichtes Spiel mit seinen Feinden, die immerzu auf ihre Brüste starren müssten.«

Grölend klopften die anderen sich die Schenkel.

Jan wusste sich nur noch durch eine Drohung zu helfen. »Wenn ihr nicht Ruhe gebt, sage ich meinem Herrn, dass ihr über ihn lästert. Dann könnt ihr aber was erleben!«

Eine Rüge wollte sich niemand einhandeln.

»Bist ein Spielverderber«, fand Hugo.

Jan zuckte mit den Schultern. Was konnte denn er dafür, dass die Ahnen seines Herrn keine Zeit gehabt hatten, sich um ein Wappen zu bemühen. Das Wappen der Jülicher zeigte einen prächtigen Löwen. Auch der Frenzer besaß eines in Gestalt eines springenden Pferdes. Demonstrativ staubten die grinsenden Knappen die Satteldecken ab, auf denen die Wappen ihrer Herren prangten. Als ob die Ehre eines Ritters von einem Bildnis abhinge, dachte Jan und wünschte gleichwohl, er müsste diesen Spott nicht länger ertragen.

Nachdem sie alle Pferde getränkt und versorgt hatten, suchten sich die Knappen ein schattiges Plätzchen. Seite an Seite lagen die Vier bald unter einer Birke, ein jeder einen Grashalm im Mundwinkel. Am Himmel kreiste ein Adler.

»Seht mal«, sagte Hugo, auf den Raubvogel weisend, »der muss wohl einem *Wappen* entflohen sein.«

Das reichte! Jan hielt es nun endgültig für angebracht, dem impertinenten Hugo eine Abreibung zu verpassen. Er stemmte sich hoch, ballte die Fäuste und baute sich breitbeinig vor dem Frechling auf.

»Steh auf, Hugo! Wir klären das an Ort und Stelle! Danach hast du dein eigenes Wappen – ein blaues Veilchen!«

Mit so viel Courage hat Hugo nicht gerechnet. »So beruhige dich doch, mein Freund. Verstehst du denn keinen Spaß?«

»Seid mal still!«, unterbrach der Knappe des Frenzers ihren Disput. »Da, hört ihr das? Waffenlärm!«

Sie lauschten. Tatsächlich, drüben im Wald wurde gekämpft, Schwerter klirrten, Männer brüllten. Auch die Herren Ritter waren darauf aufmerksam geworden; wie von der Natter gebissen, sprangen sie auf.

»Der Graf ist in Gefahr!« stellte Werner von Merode fest. »Rasch, die Pferde!«, herrschte er die Knappen an.

Den Vieren rutschte das Herz in die Hose. Wer hätte gedacht, dass es heute ernst werden könnte, es sollte doch nur ein Ausflug in die große Stadt werden. Immerhin wussten sie genau, was zu tun war, oft genug hatte man es mit ihnen durchexerziert. Kurz darauf jagten die Gefolgsleute des Jülichers im wilden Galopp davon. Die Knappen hatten Mühe, ihnen auf ihren Marschpferden zu folgen. Während sie dem Kampfplatz immer näherkamen, murmelte ein jeder von ihnen ein Stoßgebet.

Der Anblick war überwältigend: Auf einer Lichtung hatte sich Graf Wilhelm von Jülich seinen Gegnern zum Kampf gestellt. An die zehn, zwölf Männer umringten und bedrohten ihn mit Lanzen, Schwertern und Morgensternen, drei weitere lagen bereits leblos am Boden. Wilhelm hielt seine Angreifer auf Distanz, indem er wie ein Heroe aus der Vorzeit sein Schwert schwang, doch seine blutende Stirn zeugte vom Ernst der Lage. Im Hintergrund scharrte des Grafen Pferd unruhig mit den Hufen, als sei es tief besorgt um das Wohlergehen seines Herrn.

Raubgesindel, Vogelfreie vermutlich! Sie trugen keine Wappen und waren nicht gepanzert, und die Art und Weise, wie sie ihre Waffen benutzten, zeugte nicht von einer umfassenden kriegerischen Ausbildung. Gleichwohl waren sie in der Überzahl und zu allem entschlossen, denn nicht alle Tage lief ihnen ein Graf über den Weg, der sicherlich eine gut gefüllte Geldkatze und andere Sachen von Wert mit sich führte. Die Ankunft weiterer Reiter aber ließ sie stutzen. Einige flüchteten, andere waren mutiger und versuchten die Ritter mit ihren Morgensternen aus den Sätteln zu werfen. Unversehens lagen zwei der ihren selbst erschlagen da.

»Bravo!«, rief Graf Wilhelm lachend. Trotz seiner Verwundung schien der Kampf nur ein unterhaltsames Spiel für ihn zu sein. Diese Herabwürdigung machte den Anführer der Vogelfreien nur noch wütender; mit erhobenem Schwert und einem Kampfschrei auf den Lippen stürmte er dem Jülicher entgegen. Tänzelnd wich dieser vor ihm zurück, um den Ungestümen ins Leere laufen zu lassen, stolperte jedoch über eine Wurzel und plumpste rücklings zu Boden, während das Schwert ihm aus der Hand glitt.

Hochmut kommt vor dem Fall, wann hätte man diesen Spruch je treffender anwenden können. Nur noch wenige Augenblicke trennten den Grafen vom Tod. Auf den Schlachtfeldern hatte er zahllose Recken überwältigt, im Turnier wurde er nie besiegt. Und nun sollte es ausgerechnet ein gemeiner Räuber sein, der ihm den Todesstoß versetzte. Nur eine Sekunde der Unachtsamkeit – der Erzbischof würde nicht besonders traurig darüber sein.

Graf Wilhelm hatte keine Angst vor dem Sterben, er war nur etwas verwundert über das alberne Ende, das ihm bevorstand. Noch mehr wunderte er sich, dass sein Gegner plötzlich in der Bewegung erstarrte. Die Augen hatte er weit aufgerissen, wie ein Sturzbach schoss ihm das Blut aus dem Mund, und aus seiner Brust ragte eine Pfeilspitze. Er war schon tot, bevor er niederstürzte und unmittelbar neben dem Grafen liegen blieb. Sogleich suchten seine verbliebenen Kumpane ihr Heil in der Flucht. Der Kampf war vorüber.

»Ein vortrefflicher Schuss, Werner!«, rief Graf Wilhelm dem Meroder zu. »Von heute an bin ich Euch etwas schuldig.«

Die drei Ritter waren aus den Sätteln gestiegen, um dem Graf auf die Beine zu helfen.

»Bei allen Heiligen, du könntest tot sein«, warf Walram seinem Bruder vor.

»Wie du siehst, bin ich aber quicklebendig«, entgegnete Graf Wilhelm vergnügt.

»Ja, aber du blutest wie ein Schwein beim Metzger!«

Der Graf tastete nach der klaffenden Wunde an seiner Stirn und betrachtete hiernach seine blutigen Finger. »Nicht der Rede wert, nur ein Kratzer.« Den Meroder umarmte er freundschaftlich und wollte ihn kaum mehr loslassen. »Habt Dank, mein Freund, habt Dank!«

Auch die vier Knappen waren zwischenzeitlich eingetroffen. Mit offenen Mündern starrten sie auf das Kampffeld.

»Was haltet ihr Maulaffen feil? Kümmert euch um unsere Pferde!«, befahl ihnen Walram.

Aber Jan konnte den Blick nicht von seinem Herrn lassen. Werner winkte ihn zu sich heran. »Was ist mit dir, Junge? Ist der Schreck dir etwa in die Glieder gefahren?«

»Seht doch, Herr, seht!« Jan wies auf den gelben Waffenrock, wo die blutbesudelten Finger des Grafen auf Herrn Werners Brust vier rote Steifen hinterlassen hatten.

»Nur ein bisschen Blut, Junge. Beruhige dich!«

»Kein Blut, Herr«, widersprach Jan und fasst sich ein Herz: »Das ist Euer Wappen!«

Der Mann unter dem Hundefell

(Nideggen, Bergstein)

Anno 1542: Truppen Kaiser Karls V. belagern die freie Reichsstadt Nideggen, die von Männern des Jülicher Herzogs verteidigt wird

»Halt! Wer da?«

Der Torwächter spähte in die Nacht hinaus.

»Was ist?«, fragte ihn sein Kamerad, mit dem er für die Bewachung des Nyckstores eingeteilt war.

»Da draußen ist etwas!«

»Sicher ein Späher der Kaiserlichen!« Entschlossen griff er nach seiner Büchse.

»Nein, ich glaube, es ist nur ein Köter.«

Der andere folgte seinem Fingerzeig: Aus dem Dunkel wuchs tatsächlich der Schatten eines Hundes. Das Tier winselte leise.

»Sieh mal einer an. Das Vieh kommt wohl geradewegs aus dem kaiserlichen Lager und will zu uns. Was meinst du, sollen wir es hereinlassen und braten?«

»Spinnst du? Es könnte eine Finte sein.«

»Unsinn. Da braucht es schon etwas mehr als einen lausigen Köter, um uns zu überrumpeln.« Er stieg die steinernen Treppenstufen hinab und öffnete die Pforte im Torflügel einen Spalt weit. Geschwind zwängte der Hund sich hindurch.

»He, hiergeblieben!« Der Wächter packte das Tier im Nacken. »Nicht so eilig, mein Freund. Ich möchte dich mit ein paar Kameraden von mir bekannt machen. Die werden sicher ihre helle Freude an dir haben.«

Der Torwächter zerrte ihn zur nahe gelegenen Wachstube der Landsknechte. An einem Tisch saßen Männer und würfelten. Die Stube war von dämmrigem Licht erfüllt.

»Wo hast du denn den Braten aufgetrieben?«, begrüßte einer von ihnen ihn lachend.

»Er stand vorm Tor und wollte rein. Wird wohl den Kaiserlichen entlaufen sein.«

»Wohlgenährt sieht er ja aus. Woll'n doch mal sehen, womit die Kaiserlichen ihre Hunde füttern.« Er warf dem Tier eine trockene Brotkruste vor die Pfoten.

»Hab ich mir doch gedacht«, meinte der Landsknecht, »er rührt's nicht mal an.«

»Ist wohl Besseres gewohnt«, spottete ein anderer grimmig.

»Und wenn ihr mich fragt«, fuhr der erste nachsinnend fort, »dann ist dieser Hund fetter, als ein Hund nur sein kann.«

Alle sahen zuerst den Sprecher, dann den Hund fragend an. »Wie meinst du das?«, fragte einer.

Der Landsknecht erhob sich von seinem Hocker und schritt langsam auf den Hund zu. »Ich meine«, sagte er, während er dem Tier immer näherkam, »dass wir es hier keinesfalls mit einem Hund zu tun haben, sondern vielmehr ...« – er stand nun unmittelbar vor dem Tier und riss ihm mit einer heftigen Bewegung das Fell vom Leib – »... sondern vielmehr mit einem Schnüffler der Kaiserlichen.«

Zum Vorschein kam ein auf allen vieren kauernder Mann, der in Anbetracht der Überzahl, die ihn augenblicklich umringte, keine Anstalten zur Flucht machte. Der Landskecht, der ihn überführt hatte, betrachtete das Fell in seinen Händen. »Ein Fell, in das man wie in ein Wams schlüpfen kann, mit einem Hundekopf als Kapuze«, erklärte er den immer noch verdutzten Kameraden. »Äußerst findig. Wenn auch nicht findig genug. Wer seid Ihr?«, wandte er sich an den Überführten.

Der zückte nun blitzschnell ein Schwert, doch im Nu sah er sich von zahlreichen Hellebarden an die Wand gedrängt.

»Hol den Hauptmann her«, wies der Landskecht den Torwächter an, der schuldbewusst an seinen Fingern nagte. »Der Hauptmann wird wissen, wie man den Kerl zum Reden bringt, bevor man ihn dem Standgericht übergibt.«

*

Bergstein, im Offiziersquartier der Kaiserlichen, unweit der Mauern Nideggens

»Seit zwei Tagen ist Horrich nun in der Stadt«, rechnete der Hauptmann seinen Männern vor. »Es ist schiefgegangen. Ich hätte es niemals zulassen sollen, dass er dieses Wagnis eingeht.«

»Jörg Horrich ist ein Dickkopf«, entgegnete jemand. »Wahrscheinlich wäre er auch ohne Eure Erlaubnis in die Stadt geschlichen.«

Ein anderer nickte zustimmend. »Horrich hatte es sich in den Kopf gesetzt, die Belagerung zu verkürzen. Die Festung liegt hoch oben, nur schwer erreichbar für die Geschütze. Mit unseren Kanonen, so meinte er, würde es noch Wochen dauern, bis die Stadt endlich sturmreif geschossen sei.«

»Das hat der Kerl nun von seiner Ungeduld«, schimpfte der Hauptmann. »Nun befindet er sich wohl in der Gewalt der Feinde. Wahrscheinlich werden sie ein fettes Lösegeld für ihn verlangen.«

»Und wenn sie ihm Geld bieten, damit er ein paar Geheimnisse ausplaudert?«, fragte einer und verschränkte die Arme.

Die Männer schwiegen unbehaglich und starrten eine Weile vor sich hin. Endlich schüttelte ein junger Offizier entschlossen den Kopf. »Nein, er wird nichts verraten, glaubt mir. Ich bin sein bester Freund. Jörg mag zwar ein Draufgänger und Abenteurer sein, aber er ist auch ein Mann von Ehre.«

»Bist du dir da sicher, Hans?«, fragte jemand skeptisch. »Eine Hand voll Dukaten haben schon so manchen Vogel zum Singen gebracht.«

»Aber nicht den Jörg Horrich«, erwiderte der Freund des Verschollenen heftig. »Eher würde er sich vierteilen lassen, als Geheimnisse aus dem kaiserlichen Lager preiszugeben.«

»Nun, wir wollen hoffen, dass die Nideggener ihn noch nicht gerichtet haben«, meinte der Hauptmann seufzend.

»Ich fürchte, ich muss Eure Hoffnung enttäuschen, Herr Hauptmann«, sagte ein Melder, der soeben ins Zelt getreten war.

»Was ist geschehen? Sprecht!«

»Man hat den Horrich heute Morgen auf der Stadtmauer erschossen, unweit des Graziasturmes.«

»Mein Gott!«, schrie Hans auf. Sein Gesicht war so weiß wie Schnee geworden.

»Die Nideggener haben viel Wert darauf gelegt, dass uns die Hinrichtung nicht verborgen bleiben konnte«, setzte der Melder hinzu.

»Haltung, Mann«, wurde Hans von dem Hauptmann für seinen Ausbruch gemaßregelt. »Auch wenn Horrich ein guter Freund von Euch war – er hat den Tod in Kauf genommen. Das gehört zu unserem Gewerbe.«

»Da habt Ihr wohl Recht, Herr Hauptmann«, erwiderte Hans mit zitternder Stimme, »aber Ihr könnt nicht wissen, was er zu mir gesagt hat, bevor er in seinem Hundekostüm nach Nideggen aufbrach.«

»Und? Was hat er gesagt?«

Hans schluckte schwer. »Wenn mein Vorhaben nicht gelingt, so verkündete er in feierlichem Ernst, dann soll mich der Teufel holen. Als Hund wolle er dann bis in alle Ewigkeit um die Burg jagen ...«

Manche der Männer bekreuzigten sich hastig, andere grinsten ungläubig, als habe ihnen jemand ein Ammenmärchen aufgetischt.

»Teufel hin und Teufel her«, beendete der Hauptmann nach einer Weile das eingetretene Schweigen, »wir haben eine Aufgabe zu erfüllen, und wir werden nicht eher ruhen, bis die Stadt sich in unserer Hand befindet!«

*

Einige Wochen später wurde Nideggen zur Übergabe gezwungen. Noch am gleichen Tag jagte über den Fußpfad, der von Nideggen nach Bergstein führt und »Sürthgen« heißt, ein großer schwarzer Hund. Auch später ist das unheimliche Tier, dem man den Namen »Sürthgens Musel« gab, noch manchem erschrockenen Wanderer begegnet.

Marie und das Buschweibchen

(Schmidt)

»Ich bin die dümmste Gans von Schmidt!«, schrie Marie, so laut wie sie nur konnte. Sie stand mitten auf dem Dorfplatz, und die ungläubigen Blicke der Dorfbewohner störten sie nicht im Geringsten, im Gegenteil: Es schien ihr offenbar ein dringliches Anliegen zu sein, dass jeder, wirklich jeder ihre wüste Selbstbeschimpfung zur Kenntnis nahm. »Nein«, korrigierte sie sich lauthals, »ich bin sogar die dümmste Gans unter Gottes weitem Himmel!«

Die Leute, die sehr verwundert waren über das Verhalten des sonst so unauffälligen, stillen Mädchens, zuckten ratlos mit den Schultern und machten eine Gasse frei für Maries herannahende ältere Schwester Eva, die ihren Augen und Ohren nicht zu trauen glaubte.

»Spinnst du?«, fragte Eva und rüttelte an den Schultern der Schwester. »Was ist bloß in dich gefahren? Weshalb stehst du hier und machst dich öffentlich zur Närrin?«

»Weil ich eine bin«, entgegnete Marie verzweifelt.

Eva nahm sie an der Hand und zog sie mit sich fort. »Erzähl mir, was dir zugestoßen ist, aber nicht hier, wo alle Leute auf uns starren. Komm, lass uns in Vaters Scheune gehen. Dort sind wir ungestört.«

Sie hatten im Stroh Platz genommen. »Nun? Ich höre«, forderte Eva ihre Schwester sanft zum Sprechen auf.

Marie holte einen Goldtaler aus ihrer Schürze hervor. »Der ist echt«, erklärte sie, um einer entsprechenden Frage zuvorzukommen.

Eva bekam vor Staunen den Mund nicht mehr zu. »Von wem hast du den?«

»Von einem Buschweibchen! Sie hat ihn mir geschenkt.«

»Ein Buschweibchen?« Eva lachte humorlos und schüttelte den Kopf. »Du glaubst an diese alten Kindermärchen?«

»Jetzt schon. Dieser Goldtaler ist doch Beweis genug, findest du nicht?«

»Moment mal! Es wird behauptet, dass sich die Buschweibchen nur alle hundert Jahre einmal einem Menschen zeigen. Willst du ernsthaft behaupten, du seiest einem dieser Wesen begegnet?«

»So wahr ich hier sitze!«

»Na schön!« Eva rekapitulierte. »Es gibt sie also, diese Buschweichen. Einem von ihnen bist du begegnet und hast einen Goldtaler von ihr erhalten, warum auch immer. Die wenigsten Menschen halten in ihrem Leben jemals einen Goldtaler in ihren Händen. Nun frage ich mich, weshalb du dich mitten auf den Dorfplatz stellst und dich öffentlich als dümmste Gans unter Gottes Himmel bezeichnest, nachdem du ein solches Geschenk erhalten hast. Solltest du nicht lieber einen Freudentanz aufführen?«

»Ach, du begreifst ja nicht ...«

»Dann kläre mich endlich auf: Wieso benimmst du dich wie eine komplette Närrin?«

Marie seufzte resigniert. »Hör mir zu«, sagte sie. »Heute Morgen schickte mich der Vater zum Kühe hüten in den Wald. Plötzlich trat ein steinaltes Mütterchen aus dem Gestrüpp. Ihr Haar war schlohweiß, in ihrer Hand hielt sie einen knotigen Stock und ihre Pantoffeln waren mit Moos bewachsen.«

»Ein Buschweibchen«, hauchte Eva.

»Sag' ich doch die ganze Zeit. Jedenfalls kommt das Mütterchen humpelnd auf mich zu und fragt mich mit rauer Stimme, ob ich ihr die Haare kämmen wolle.«

»Und was hast du gesagt?«

»Wie konnte ich ihr den Wunsch verweigern? Aber seltsam zumute war mir schon, das kannst du mir glauben. Sie drückt mir einen Kamm in die Hand, setzt sich vor mir nieder und lässt sich von mir kämmen. Aber ihr Kopf ...« Marie schlang sich fröstelnd den Umhang über ihre Schultern.

»Weiter! Was war mit ihrem Kopf?«

»Der fühlte sich so kalt an wie Eis! Ach, es war so unheimlich! Nach einer Weile waren meine Hände starr vor Kälte. Ich sagte der Alten, dass ich sie nicht weiterkämmen könne, da meine Finger halb erfroren seien. Darauf erhob sie sich und murmelte etwas Unverständliches vor sich hin, bevor sie mir ein paar gelbe, welke Blätter in den Schoß warf und verschwand.«

»Gelbe Blätter?« Eva runzelte die Stirn.

»Genauso wie du muss ich wohl auch geguckt haben. Jedenfalls warf ich die Blätter fort und trieb die Kühe eilig wieder nach Hause in den Stall.«

»Aber der Goldtaler ...«

»Warum lässt du mich nicht einfach zu Ende erzählen? Als ich zu Hause ankomme und mir die Schürze ausziehe, sehe ich, wie eines der Blätter herabflattert und klirrend auf dem Boden landet: Es hat sich in diesen Goldtaler verwandelt.«

Eva sprang auf, wie von einer Hornisse gestochen. »Komm, Schwesterherz. Lass uns zu der Stelle gehen, wo du die Blätter weggeworfen hast.«

»Spar dir die Mühe, Eva. Was glaubst du denn, was ich als erstes getan habe? Aber die Blätter sind leider verschwunden – spurlos! Der Wind hat sie fortgeweht.« Sie vergrub ihr Gesicht und gab einen schluchzenden Laut von sich.

Langsam wie eine fallende Feder sank Eva ins Stroh zurück. »Weißt du, was du bist, Marie?«

»Bitte, sag's mir, Schwesterherz!«

»Die dümmste Gans unter Gottes weitem Himmel!

Freund und Feind

(Zülpich, Nideggen, Lechenich)

Mein Name ist Mechthild. Ich war die Kammerzofe von Theolinde, der Tochter des Theoderich. Nun aber ist meine Herrin tot, und schon bald wird man mir neue Aufgaben zuteilen. Eines aber ist gewiss: Nie wieder wird es sein wie früher, als jugendfrohes Lachen von den Mauern der Burg widerhallte. Eine unerträgliche Ruhe ist hier eingekehrt, eine greifbare Schwermut liegt in der Luft. Der Burgherr lebt zurückgezogen in seinem Gemach. Nur selten zeigt er sich. Bittere Reue erfüllt ihn. Theoderich weiß, was er seiner Tochter angetan hat, und er wünscht sich, es wäre niemals geschehen. Täglich besucht er ihr Grab in der Kapelle. Die Gebeine ihres Liebsten hat er neben ihr bestatten lassen. So sind Theobald und Theolinde wenigstens nach ihrem Tod wieder vereint. Man munkelt, dass Theoderich eine Bußfahrt ins Heilige Land unternehmen will.

Noch vor einem Jahr sah die Welt ganz anders aus auf der Zülpicher Burg. Das Verlobungsfest! Ich erinnere mich daran, als sei alles erst gestern gewesen. Niemals habe ich meine Herrin so glücklich gesehen. Immer noch sehe ich sie in den Armen Theobalds, sehe, wie die beiden sich küssen, höre ihr vergnügtes Lachen. Es war ein großes Fest, über das man noch lange sprechen wird. Selbst der Herzog von Jülich, der Theobald von Lechenich erst wenige Wochen zuvor zum Ritter geschlagen hatte, war anwesend. Prunk und Pracht, so weit das Auge reichte. Die Tische wölbten sich unter den aufgetragenen Speisen. Ein Fest am Hofe des Kaisers kann kaum glanzvoller sein.

Und Theoderich? Er war so stolz, wie ein Vater nur sein kann. Stolz auf seine hübsche Tochter, die die Blicke der Gäste an sich fesselte. Stolz aber auch auf seinen künftigen Schwiegersohn, der seine Knappenjahre bei ihm verbracht und den er in sein Herz geschlossen hatte wie einen eigenen Sohn.

Als schließlich eine Fanfare ertönte und der Herzog von Jülich um Gehör bat, konnte niemand ahnen, dass dieser Augenblick bereits das Ende allen Glückes einleitete ...

Der Herzog lud die anwesenden Ritter nach Nideggen zum Turnier ein, das eine Woche später stattfinden sollte. Die Blicke der »Ah!« und »Oh!« rufenden Gäste wandten sich dem Burgherrn zu, der ergeben seinen Kopf neigte: Jedermann wusste, dass Theoderich das Turnier in jedem Jahr als unangefochtener Sieger verließ. Und niemand zweifelte daran, dass er den Siegpreis auch diesmal davontragen würde.

Ich gestehe, dass ich nicht länger an das Turnier dachte, schließlich war dieses alljährlich stattfindende Ereignis nichts Besonderes. Auch meine Herrin schien in den folgenden Tagen nur wenig Gedanken daran zu verschwenden. Ihr neues Glück, so sollte man meinen, war nicht abhängig von diesem Turnier, an dem auch Theobald erstmals teilnahm. Wenn Theolinde in die Kapelle ging und ein paar Gebete Richtung Himmel schickte, dann wohl nur deshalb, um den Herrgott um die unversehrte Rückkehr ihres Helden zu bitten.

Eines Abends traf ich meine Herrin mit leichenblasser Miene in ihrem Gemach an. Ihre Hände zitterten, und dicke Tränen kullerten über ihre Wangen.

»Um Himmels Willen, Herrin, was ist geschehen?«, fragte ich die Weinende.

»Etwas Fürchterliches«, gab sie zurück. »Mein Vater hat das Turnierfeld zu Nideggen nicht als Sieger, sondern als – wie er sagt – *Gedemütigter* verlassen.«

Wenn's weiter nichts ist, dachte ich im Stillen und atmete erleichtert auf. Die Schmach der Niederlage würde Theoderich sicher schon bald vergessen. Und im nächsten Jahr hatte der Ehrgeizige ja die Möglichkeit, sich den Siegpreis zurückzuholen. Erst als Theolinde in ihrer Erzählung fortfuhr, wurde mir das ganze Ausmaß der Katastrophe bewusst.

Niemand sonst als Theobald hatte den Burgherrn von Zülpich im Kampf besiegt. »Mein Vater fühlt sich tief verletzt, er ist voller Zorn und schilt Theobald einen undankbaren Kerl. Die gesamte Ritterschaft, so glaubt er, werde sich nun über ihn lustig machen.« Sie vergrub ihren Kopf und schluchzte herzerweichend. »Er will Theobald und den Lechenichern den Fehdehandschuh überbringen.«

Ich versuchte meine Herrin zu trösten. »Bestimmt«, versicherte ich ihr, »wird Euer Herr Vater sich besinnen und Theobald vergeben.«

Doch Vergebung bestimmte keineswegs die Gedanken des Theoderich in diesen Tagen. Tatsächlich machte er seine Drohung wahr und sagte dem Mann, der doch sein Schwiegersohn hatte werden sollen, den Kampf an. Niemand, nicht einmal seine flehende Tochter, vermochte ihn davon abzubringen.

Wochen vergingen und nichts geschah. Doch jegliche Fröhlichkeit war fortan auf der Burg erstorben. Meine Herrin versank in tiefe Schwermut.

Eines Abends bat ein junger Sänger um Herberge in der Burg. Man gewährte sie ihm und führte ihn auf Theoderichs Befehl in den Burgsaal. Vielleicht glaubte der Burgherr ja, dass ein frohes Lied die finsteren Schatten von Theolindes Gesicht vertreiben könne. Auch ich war im Saal anwesend und bemerkte schon bald die Veränderung im Wesen meiner Herrin. Ungläubiges Staunen, ja Hoffnung glänzte plötzlich in ihren Augen. Und endlich begriff ich: Der fahrende Sänger war niemand sonst als der verkleidete Theobald, der heimlich die glühenden Blicke seiner Verlobten erwiderte.

»Sing ein lustiges Lied für uns!«, rief Theoderich und schwenkte seinen Weinpokal.

Der vermeintliche Fremde hob die Augenbrauen. »Ein lustiges Lied wollt Ihr hören? Verzeiht mir, mein Herr, aber ich kenne keines mehr, ich habe sie alle vergessen. Stattdessen will ich das Lied zweier Tauben singen, denen einst schweres Leid widerfuhr.«

Er schlug die Saiten seiner Zither an und begann sein Lied:

»Zwei Tauben, weiß und stolz,
die lieben sich so sehr.
Am Himmel kreist ein Falke,
schon ist ihr Glück vorbei.«

Allmählich dämmerte es auch dem Burgherrn, wer dort in Wahrheit vor ihm stand. Theoderichs Gesicht verfärbte sich zornesrot; hastig erhob er sich, sodass der Weinpokal klirrend zu Boden fiel.

»Ergreift und fesselt ihn!«, schrie er seinen Leuten zu. »Es ist Theobald, der mir die Ehre nahm!«

Widerstandslos ließ Theobald sich von den Männern des Burgherrn in Fesseln legen. Auch Theolinde war aufgesprungen und warf sich vor ihrem Vater auf die Knie, beschwor ihn, großmütig zu sein, doch der Unversöhnliche stieß sie von sich.

»Wohin mit dem Burschen, Herr?«, fragte einer der Diener.

Theoderich überlegte nicht lange. »Hinauf auf den Turm mit ihm«, antwortete er kalt. »Er hat doch behauptet, eine Taube zu sein. Eine weiße, stolze Taube. Also wollen wir sie auch fliegen sehen!«

»Nein!«, schrie Theolinde, bevor sie ohnmächtig in meine Arme sank.

Waren bereits die vergangenen Wochen in elender Trostlosigkeit verstrichen, so begann nun eine noch dunklere Zeit. Nach dem Tod ihres Geliebten verweigerte meine Herrin zunächst jegliche Nahrung, und nur mit Mühe konnte ich sie eines Tages zum Essen und Trinken überreden. Theoderich indessen kümmerte sich nicht um die Qualen seiner Tochter, die er doch über alles liebte. Er schien davon überzeugt zu sein, dass die Zeit die Wunden heilen würde, die er ihr im Namen seiner Ehre geschlagen hatte. Und selbst der Tod seines Bezwingers dämpfte seinen Hass nicht. Es war ein trüber Herbsttag, als er mit seinen Mannen ausritt, um gegen die Lechenicher zu kämpfen.

Theolinde stand am Fenster und sah den Davonreitenden hinterher. Als das Hufgetrappel verklungen war, wandte sie sich zu mir.

»Mechthild«, sagte sie mit sanfter Stimme, »geh mit mir auf den Turm.«

Ich wunderte mich über die Ruhe, von der sie erfüllt war, doch zugleich ergriff mich ein Schauder. »Herrin, seid Ihr sicher, dass Ihr dort hinaufwollt? Es wird Eurer Seele nur weitere Qualen bereiten, wenn Ihr auf den Turm steigt, von dem Theobald in den Tod stürzte.«

»Sei unbesorgt«, beruhigte sie mich. »Ich weiß, was ich tue. Bitte, begleite mich. Ich will nicht alleine sein ...«

Sie ging voran und ich folgte ihr.

Ein kalter Wind umwehte die Zinnen. Über allem hing ein grauer Himmel. Theolinde schien die Kälte nicht zu spüren. Ihr Antlitz war eine Maske der Entschlossenheit. Obwohl ich ahnte, was nun geschehen würde, blieb ich auf merkwürdige Weise gefasst. Theolinde trat auf mich zu und gab mir einen Kuss auf die Wange. »Danke, Mechthild«, sprach sie leise. »Danke für die Freundin, die du mir gewesen bist.«

Dann erklomm sie die Brüstung und sprang ohne ein weiteres Wort in die Tiefe.

Stumm und starr stand ich da und blickte mit leeren Augen auf die Zinne, wo eben noch meine Herrin gestanden hatte. Eine Taube hatte sich dort niedergelassen. Eine weiße Taube, die in die Tiefe schaute.

Die Rache der Wölfin

(Kerpen)

Abt Daniel von Himmerod erzählt:

Manchmal frage ich mich, ob Tiere eine Seele haben. Der heilige Franziskus jedenfalls scheint davon überzeugt gewesen zu sein, sagt man ihm doch nach, er habe sogar ihre Sprache verstanden. Falls Tiere wirklich beseelte Wesen sind, so müssen sie auch die Fähigkeit zur Tugend besitzen. Leider jedoch macht Tugendhaftigkeit nur einen verschwindend geringen Anteil der Eigenschaften aus, die Gottes Kreaturen ihr eigen nennen dürfen. Ungleich öfter nämlich sind sie von Habgier, Neid, Missgunst und anderen sündigen Erscheinungsformen erfüllt. Vor vielen Jahren konnte ich mich davon überzeugen, dass auch Tiere zur Rachsucht fähig sind.

Zu jener Zeit war ich Scholar in einer Schule zu Kerpen. Einmal, es war im Sommer, erhielten wir Schüler die Erlaubnis, für einige Stunden in den Wald zu gehen, um dort gewisse naturkundliche Studien zu betreiben. Ich schloss mich einer Gruppe übermütiger Buben an, die mit Studien freilich nicht viel im Sinn hatten, sondern vielmehr die Absicht verfolgten, ihre unverhoffte Freiheit in vollen Zügen zu genießen. Unterwegs wurden lausbübische Streiche ausgeheckt, und unser Gekicher und Gelächter muss meilenweit zu hören gewesen sein. Wir waren bereits recht tief in den Wald eingedrungen, als wir auf eine Wolfshöhle stießen.

Aus dem Innern des Baus drang das hungrige Winseln junger Welpen, doch von dem Muttertier war weit und breit nichts zu sehen. Wie es nun einmal so ist, wenn mehrere ausgelassene Knaben beisammen sind, kam einer auf die Idee, die jungen Tiere aus dem Bau zu holen, um allerlei Schabernack mit ihnen zu treiben. Schon bald lagen die putzigen, aber hilflosen Welpen zu unseren Füßen und wimmerten angstvoll. Offenbar berauscht von der Gewalt, die wir über die Kreaturen besaßen, holte einer meiner Mitschüler ein Beil hervor. Zu meinem und auch zum Entsetzen der anderen Burschen begann er, den Tieren die kleinen Pfoten abzuhacken. Diese Wölfe, so meinte er grinsend, würden wohl niemals Schafe oder Ziegen reißen können und den Bauern das Leben erschweren.

Als wir uns auf den Rückweg zur Schule machten, hatte uns ob der beobachteten Grausamkeit ein flaues Gefühl ergriffen. Jedoch versuchten wir diese Beklommenheit vor den anderen zu verbergen, indem wir weiter unsere Späße trieben. Wer wollte schon wie ein Weichling dastehen und zur Zielscheibe spöttischer Hänseleien werden? Doch als wir in der Ferne das Heulen eines Wolfes vernahmen, gerann uns das Blut in den Adern. Schon bald wurde uns klar, dass das Tier sich uns in Windeseile näherte. Als es schließlich im Unterholz sichtbar wurde, stoben wir in heilloser Flucht auseinander.

Die Lefzen der Wölfin waren erhoben und offenbarten fürchterliche Zähne; niemals werde ich das mordlustige Flackern in ihren Augen vergessen. Schon bald wurde deutlich, dass das wütende Tier es nur auf einen von uns abgesehen hatte: Mit unbeirrbarem Geruchssinn verfolgte es allein jenen Burschen, der für die Verstümmelung der jungen Wölfe verantwortlich war. Der Gehetzte kletterte in seiner Panik auf einen Baum, doch obgleich er somit für die Wölfin unerreichbar war, sah er sich bald von ihr belagert. Knurrend begann sie, die Erde um den Baum aufzuscharren, als wolle sie ihn entwurzeln und den Missetäter auf diese Weise herunter zwingen.

Entsetzt flohen wir anderen ins Dorf, um Hilfe herbeizurufen.

Kaum eine halbe Stunde später kehrten wir mit ein paar Männern zurück, die sich mit Spießen, Prügeln und Dolchen bewaffnet hatten. Zunächst hatten sie unsere Schilderung als albernen Scherz abgetan, unsere Beharrlichkeit und unsere zitternden Stimmen jedoch mussten sie davon überzeugt haben, dass wir die Wahrheit gesprochen hatten. Als

wir nun den Ort der unheimlichen Belagerung erreichten, trauten wir unseren Augen nicht: Offenbar hatte die Wölfin Verstärkung herbeigerufen, denn inzwischen umkreiste ein ganzes Rudel den Baum, auf dem unser verzweifelter Kamerad hockte und sich krampfhaft an die Äste klammerte.

Nachdem die Männer aus dem Dorf ihren Schreck überwunden hatten, fassten sie sich ein Herz, stürmten mit wildem Geschrei den Wölfen entgegen und vertrieben sie.

Mit weichen Knien stieg der Gerettete herab und stammelte ein paar heisere Worte des Dankes. Die Männer indessen schalten ihn ob seiner Torheit und wiesen ihn an, unverzüglich zurück zur Schule zu eilen, wo man ihm seinen Übermut hoffentlich bald austreiben werde. In diesem Augenblick jedoch stürmte die Wölfin aus dem Dickicht hervor, den rachsüchtigen Blick ganz unzweifelhaft auf den Schänder ihrer Jungen gerichtet. Nur mit Mühe gelang es den Männern, das Tier abermals zu vertreiben. Sie beschlossen nun, den Jungen auf dem Weg zum Dorf in ihre Mitte zu nehmen, um ihn vor neuerlichen Angriffen der Wölfin zu beschützen. Dies gelang ihnen zunächst, doch als sie das Dorf schon fast erreicht hatten und niemand mehr ernsthaft mit einem Racheakt der Wölfin rechnete, geschah das Unheilvolle ...

Wie ein Pfeil schoss sie plötzlich wie aus dem Nichts hervor, durchbrach die Schar der verdutzten Bewaffneten und vollendete letztlich ihren beharrlich verfolgten Plan. Noch bevor jemand begriff, was überhaupt geschehen war, war das Tier wieder im Wald verschwunden.

Entsetzt starrten wir auf den toten Knaben, aus dessen Kehle sich ein roter Bach ergoss.

Die Geistermesse

(Köln)

Als es im Kloster Sankt Gereon zu Köln Mitternacht schlug, erwachte der Abt aus bleischwerem Schlaf. Da er glaubte, es sei schon Morgen und die Glocke habe ihn zur Messe gerufen, stieg er aus seinem Bett und griff nach seiner Kutte.

Seit Monaten fühlte der Abt sich schwach und krank. Jeden einzelnen seiner Knochen glaubte er zu spüren, hinzu kam die winterliche Kälte, die eisig zwischen den Klostermauern lag und ihm immer mehr zu schaffen machte.

»Früher hat der Frost mir nichts ausgemacht«, sprach der Abt seufzend zu sich selbst, bevor sein Blick sich auf das Holzkreuz richtete, das an der Wand seiner Zelle hing. »Herr, es fällt mir immer schwerer, die Mühsale des Lebens zu ertragen. Ich bitte dich, mache mich stark, auf dass ich den jüngeren Mitbrüdern weiterhin ein Vorbild sein kann!«

Mit diesem Stoßgebet verließ er seine Zelle, um zur Kirche zu schreiten.

Niemand begegnete ihm auf dem Weg dorthin, was ihn sehr verwunderte. »Habe ich etwa doch verschlafen?«, fragte er sich. Von weitem hörte er nun aus der Kirche das brausende Spiel der Orgel. Nun bestand kein Zweifel mehr, er hatte sich verspätet. Wütend auf sich selbst, murmelte er: »Auch das wäre mir früher niemals passiert.«

Als er die Kirche betrat, stimmten die Mönche gerade einen Totengesang an. Der Abt glaubte seinen Ohren nicht zu trauen. Jemand war gestorben? Aber wer? Weshalb hatte man ihn nicht informiert? Und wer war der Priester im schwarzen Messgewand, der dort am Altar stand und die Trauerfeier an seiner statt zelebrierte?

Im Chor stand eine Bahre. Unter einem schwarzen Tuch zeichneten sich die Konturen des Verstorbenen ab. Dem Abt lief es eiskalt den Rücken herunter, als habe eine dunkle Vorahnung ihn erfasst.

Mit weichen Knien schritt er die Reihe der Mönche ab und musterte ihre bleichen Gesichter. Die meisten Mönche waren ihm unbekannt, was seine Verwirrung steigerte. Plötzlich erschrak er bis ins Mark: Vor ihm stand ein vor vielen Jahren verstorbener Mitbruder.

»Donatus«, hauchte der Abt. »Seid Ihr das?«

Der Angesprochene schien durch ihn hindurchzustarren, doch er nickte.

»Aber ... wie kann das sein? Und Ihr ...« Er wandte sich an den Nächststehenden. »Ich kenne Euch! Ihr seid Bruder Benedikt. Einst wart Ihr mein Novizenmeister. Bei Gott, fünfzig Jahre muss das her sein ...«

Der Gesang der lebenden Toten hallte durch den Chor. »Dominus vobiscum«, sang der Priester am Altar und wandte sich um. Der Abt taumelte zurück, denn er erkannte seinen verstorbenen Vorgänger. Mehr als zwei Jahrzehnte waren vergangen, dass er ihm im Amte nachgefolgt war.

Das Herz klopfte ihm bis zum Hals. Er wohnte einer Geistermesse bei. Zunächst erfüllte ihn namenlose Furcht, doch diese wich allmählich der Gewissheit, dass Gott ihm die Gnade eines Zeichens widerfahren ließ. Er bezwang seine letzten Zweifel, fasste sich ein Herz und schritt auf die Bahre des Toten zu.

Das weiße Antlitz des Toten, obgleich eine beinerne Maske, schien zu lächeln. Er schien in Frieden mit sich und der Welt und Gott aus dem Leben geschieden zu sein.

»Herr, dein Wille geschehe«, flüsterte der Abt und sank betend in die Knie. Soeben hatte er seinen eigenen Leichnam gesehen.

*

»Es ist der Abt!«, sagte einer der Mönche und sah seine Mitbrüder fragend an. »Und er bewegt sich nicht!«

»Er betet«, erwiderte einer von ihnen. Besorgt betrachteten sie die Gestalt, die, beide Arme wie der Gekreuzigte weit von sich gestreckt, auf dem kalten Boden vor dem Altar lag.

»Aber seit einer Stunde liegt er nun so da. Er sollte längst die Frühmesse lesen.«

»Was sollen wir tun? Wir können ihn doch nicht beim Gebet stören.«

»Vielleicht ist er ohnmächtig geworden. Kommt, wir wollen nach ihm schauen und ihn wecken!«

Sie rüttelten ihn sanft.

»Vater Abt! Geht es Euch gut? Wir machen uns große Sorgen um Euch!«

Der Abt hob langsam seinen Kopf und sah seinen Mitbrüdern blinzelnd in die Augen. Er wirkte auf seltsame Weise verklärt.

»Ah, ihr seid es also, die Lebenden und nicht die Toten!«

Die Mönche warfen einander verwirrte Blicke zu.

»Sorgt Euch nicht um mich«, fuhr der Abt lächelnd fort, »denn dazu gibt es keinen Grund. Gott hat mir in Seiner unendlichen Güte eine große Gnade erwiesen und mir mitgeteilt, dass ich schon bald von euch gehen werde!« Die Münder der Mönche öffneten sich fragend, doch der Abt schüttelte den Kopf. »Nein, fragt nicht, ihr werdet schon sehen. Ich bitte euch, betet nun mit mir um den Frieden meiner Seele.«

Der besessene Ochse

(Brühl)

»Das ist mal wieder typisch«, schimpfte Alfons. »Die Herren Mönche lassen es sich gut gehen, während wir hier schmachten müssen!«

Die anderen Klosterknechte nickten grimmig. Es war jedes Mal dasselbe: Wenn es im Brühler Kloster etwas zu feiern gab, dann kam es dem Prior nicht in den Sinn, auch an die Bediensteten zu denken. Während die Brüder sich also nun im Refektorium einem üppigen Ostermahl hingaben – welche Freude nach der langen Fastenzeit –, hockten die Knechte im Stall beisammen und lamentierten über die Ungerechtigkeit der Klosteroberen.

»Wenigstens eine Kanne Wein könnten sie uns zukommen lassen«, war man sich einig.

»Wein? Oh, damit kann ich dienen, denke ich!«

Alle starrten auf den jungen Wilbert, der geheimnisvoll den Mund verzog.

»Du?«, fragte Alfons skeptisch.

Wilbert nickte grinsend. »Ich weiß, wo die Mönche ihren besten Wein vor durstigen Kehlen verstecken.«

»Du weißt es? Und das sagst du uns erst jetzt? Worauf wartest du noch? Los, nimm dir den Eimer dort und hol uns von dem Wein, damit wir unser eigenes Fest feiern können.«

Als Wilbert in den Stall zurückkehrte – den Eimer bis zum Rand mit edlem Rebensaft gefüllt –, wurde er mit Applaus empfangen. Alfons klopfte lobend die Schulter des gerissenen Burschen und nahm den Eimer in Empfang. Inzwischen hatte man auch Becher bereitstellen lassen. Die Osterfeier der Knechte konnte beginnen.

»Alle Mann zu mir!«, rief Alfons, der die Aufgabe des Mundschenks übernommen hatte. Fröhlich schwenkte er eine Kelle. »Ich will Eure Becher füllen! Frohes Fest, Leute!«

»Wartet!«, schrie eine eindringliche Stimme. Alle Köpfe drehten sich nach dem Rufer um, der durch einen Spalt in der Holzwand nach draußen spähte. »Der Prior! Da kommt der Prior geradewegs auf die Stalltür zu!«

Die Männer fluchten im Gleichtakt und ließen augenblicklich ihre Becher im Heu verschwinden.

»Was macht denn der hier um diese Zeit?«, brummte Alfons ärgerlich.

»Der Wein«, meinte einer der Burschen verängstigt. »Wenn der Prior merkt, dass wir uns am besten Wein bedient haben, dann können wir was erleben!«

Das leuchtete jedem ein. Rasch schnappte sich Alfons den Eimer und schüttete den köstlichen Inhalt kurzerhand in die Krippe des Ochsen, der hinter seinem Gatter stand und über die unverhoffte Erfrischung sichtlich erfreut war.

Alfons' Verzweiflungstat geschah keine Sekunde zu früh. Schon betrat der Prior den Stall. Würdevoll und kerzengerade schritt er auf die Knechte zu, die ergeben ihre Häupter senkten.

»Ein frohes Fest wünsche ich Euch allen«, verkündete der Prior mit feierlicher Stimme.

»Danke, Pater Prior«, kam es einstimmig zurück.

»Ich wollte mich nur nach Eurem Wohlergehen erkundigen.«

»Ihr seid zu gütig, Pater«, erwiderte Alfons im Namen aller. Mit einer Bescheidenheit, die ihm keiner seiner verwunderten Kameraden zugetraut hätte, fügte er hinzu: »Wie Ihr seht, haben wir es uns ein wenig gemütlich gemacht und feiern die Auferstehung unseres Herrn.«

»Recht so!« Der Prior nickte lobend. »Und es freut mich, dass dies in stiller Freude geschieht und ohne die Ausschweifungen eines wüsten Trinkgelages. Vielleicht könnt Ihr noch ein paar fromme Lieder anstimmen.«

»Oh, das hatten wir auch vor, Pater«, versicherte ihm Alfons. »Wir wollten gerade unsere Kehlen ein wenig ... äh, schmieren.«

»Na, dann will ich nicht länger stören.« Der Prior lächelte mild, hob eine Hand zum Gruß, machte kehrt, verharrte aber in der Bewegung, als sein Blick auf den Ochsen hinter der Krippe fiel.

»Was ist denn mit dem Tier los?«, fragte er besorgt.

»Wie?« Alfons folgte dem Blick des Priors und stöhnte auf: In der Krippe befand sich kein einziges Tröpflein mehr. Der Ochse war nun außer Rand und Band, verdrehte die Augen, zerrte an seiner Kette, stieß seine Hörner in das Gebälk und begann fürchterlich zu brüllen.

»Das Vieh ist sternhagelvoll«, raunte der junge Wilbert dem Alfons zu, der sich verständlicherweise schwertat, dem Prior eine einleuchtende Erklärung für das wilde Verhalten des Ochsen zu geben.

»Das versteh' ich nicht, Pater. Eben war er noch ganz normal.«

»Offenbar ein Fall von Besessenheit«, sagte der Prior, nachdem er das Tier eine Weile nachdenklich betrachtet hatte. »Wenn die Herzen der Menschen rein sind, wie am Osterfest, dann sucht der Teufel nach anderen Geschöpfen, um sich ihrer zu bemächtigen.« Er hob sein Kreuz von der Brust, hielt es dem Tier entgegen und sprach mit dröhnender Stimme ein paar Gebete.

Die Wildheit des Ochsen erschöpfte sich langsam. Nachdem man zunächst hatte befürchten müssen, er würde die Koppel in Trümmer legen, wurde er nun zusehends ruhiger, und seine Augenlider begannen sich schläfrig zu senken.

»Weiche, Satan!«, schloss der Prior schließlich seine Beschwörungsformeln. Im gleichen Augenblick fiel der Ochse ins Stroh, gleich einem nassen Sack, dem man einen Tritt gegeben hat.

»Seht ihr«, wandte sich der Prior an die Knechte, die mit offenen Mündern dastanden, »der unreine Geist hat den Körper des Tieres verlassen. Wenn er aufwacht, wird er wieder ganz der Alte sein. Das Böse hat nun keine Macht mehr über ihn.«

»Davon bin ich überzeugt, Pater«, erwiderte Alfons erleichtert.

Der Frevel des Napoleon

(Bonn)

Bonn, Kreuzberg, 1802

Die finsteren Blicke der vor dem Klostergebäude versammelten Servitenmönche sind auf die Reiter gerichtet, die ihre Pferde emsig den Berg hinauftreiben, allen voran, auf einem prächtigen Schimmel sitzend, der Eroberer. Er trägt einen roten Feldherrenmantel, seinen Kopf ziert der unverkennbare Hut. Die Männer, die ihn eskortieren, haben Mühe, an seiner Seite zu bleiben.

»In welchen Zeiten leben wir«, sagt der Prior freudlos. »Die Gottlosigkeit triumphiert über den Glauben, Konvente werden aufgelöst, als seien sie Relikte einer Vergangenheit, für die es keinen Platz mehr gibt in dieser merkwürdigen neuen Welt. Klöster werden in Spelunken verwandelt und Kirchen durch plündernde Soldateska entweiht. Brüder, schaut Euch den General gut an, der es scheinbar kaum erwarten kann, uns seine Verachtung ins Gesicht zu speien: Das ist Napoleon Bonaparte, der mächtigste Mann Europas, der neue Antichrist.«

Die Reiter zügeln ihre schnaubenden Pferde und verharren vor den reglosen Mönchen. Der General mustert sie mit bohrendem Blick, bevor er seine Aufmerksamkeit dem Gotteshaus zuwendet, dessen Turm sich in den wolkenverhangenen Himmel reckt.

»General«, bricht der Prior schließlich das Schweigen und tritt nach vorne, »Kurfürst Ferdinand ließ diese Kirche vor hundert Jahren erbauen, weil er des Krieges müde war und Gott zu Gefallen sein wollte. Menschen, die Kriege führen, tun gut daran, sich mit Gott auszusöhnen.«

Ein Offizier übersetzt dem General die Worte des Priors. »Ich bin kein Kurfürst«, lässt Napoleon dem Mahner unbeeindruckt ausrichten, »und schon bald wird es ohnehin vorbei sein mit der Kurfürstenherrlichkeit in diesem Land. Was ist das für eine Treppe dort?«

Der Prior folgt seinem Blick. »Dies ist eine Nachbildung der Heiligen Stiege, wie sie in Jerusalem am Haus des Pilatus zu finden ist. Einst schritt unser Herr Jesus diese 28 Stufen empor, bevor er die Sünden aller Menschen auf sich nahm und uns durch seine Leiden erlöste. Die Heilige Stiege ist das Ziel unzähliger Pilger. Sie darf weder mit Stiefeln noch mit Waffen betreten werden.«

Laut lacht der General, dann drückt er die Sporen in die Flanken seines Schimmels.

»Er will die Stiege hinaufreiten!«, ruft einer der Klosterbrüder entsetzt.

»Halt!« Des Priors dröhnende Stimme lässt Napoleon verblüfft innehalten. Er ist es nicht gewohnt, dass man ihn wie einen Rekruten anschreit.

»General, nicht einmal der Herr Europas sollte es sich herausnehmen, die Stiege zu entweihen, es wäre ein ungeheurer Frevel. Frevlern aber droht seit jeher die Strafe des gerechten Gottes, gleichgültig, ob es sich um Könige oder Bettler handelt!«

Napoleon zischt ein paar wütende Worte, bevor er seinen Schimmel erneut Richtung Stiege lenkt.

»Der General lässt ausrichten, dass ein Fürst namens Gott sich noch nicht bei ihm vorgestellt hat«, erwidert der übersetzende Offizier grinsend und weidet sich an den erschrockenen Gesichtern der Mönche.

Hart schlagen die Hufe des Pferdes auf den Marmor, aus dem ein paar Stücke brechen.

»Der erhabene Kurfürst scheint nicht gerade das beste Material für den Bau des Heiligtums verwendet zu haben«, spottet der Offizier und erntet das Gelächter seiner Kameraden. »Nun, verehrter Prior, wir erwarten mit Spannung den göttlichen Blitz, der aus dem Himmel fährt, um unseren General für sein frevelhaftes Tun zu bestrafen.«

»Gottes Mühlen mahlen langsam«, erwidert der leichenblasse Prior, »und es bedarf keines Blitzes, um einen Frevler zu strafen.«

Die Tonlosigkeit seiner Stimme weicht glühender Leidenschaft, als er fortfährt: »Vielmehr soll er noch mächtiger werden, damit sein Fall einst umso tiefer wird. Ja, schon bald wird er sich gar die Kaiserkrone aufs Haupt setzen, und er wird Macht besitzen, wie selten ein Mensch sie zuvor besessen hat. Dann jedoch wird das Schlachtenglück ihn allmählich verlassen. Die Städte, die er erobert, sollen vor seinen Augen in Flammen aufgehen, und das riesige Heer, das ihn begleitet, soll zusammenschmelzen wie Wachs unter der heißen Mittagssonne. Schließlich werden seine Feinde über ihn triumphieren, und das Ende seiner Tage wird er an einem einsamen, unwirtlichen Ort verbringen, ausgezehrt von den Qualen einer todbringenden Krankheit. Wenn er dann vor unseren Schöpfer tritt, wird er sich für den Frevel, den er hier und jetzt begangen hat, verantworten müssen.«

Unbehaglich rutscht der Offizier in seinem Sattel, obwohl er sich bemüht, gleichmütig zu erscheinen. »Was sollen diese Worte, Prior? Sind sie eine Verwünschung oder eine Prophezeiung?«

»Sie sind beides«, erwidert der Prior mit feierlichem Ernst, der die Franzosen erschaudern lässt.

Der Blutfleck

(Monschau)

»Hans«, sagte der Meister zu seinem Lehrling, »pack das Werkzeug zusammen und suche ein paar lange Dielenbretter. Der Wirt des ›Ochsen‹ hat uns einen Auftrag erteilt.« Missmut lag in seiner Stimme.

Hans nickte eifrig und tat, was der Meister ihm aufgetragen hatte. Dann machten sie sich auf den Weg. Der Meister hatte die Bretter geschultert, während sein Lehrling den Ranzen mit dem Werkzeug trug.

»Meister?«

»Hmh?«

»Verzeiht mir die Bemerkung, aber mir scheint, dass Ihr nicht eben glücklich über diesen Auftrag seid.«

»So ist es, Naseweis.«

»Darf ich wissen, weshalb?«

»Bist du etwa der einzige Monschauer, der nicht weiß, was in der vergangenen Woche im ›Ochsen‹ geschehen ist?«

»Natürlich weiß ich das, Meister. Einer der Zecher ist zu Boden gestürzt und hat sich das Genick gebrochen.«

»Bei diesem Zecher«, erklärte der Meister tief durchatmend, »handelte es sich um den reichen Geldverleiher Böck.«

»Ich weiß. Er soll sich dort regelmäßig mit zwei Freunden getroffen haben. Aber ich verstehe noch immer nicht, weshalb Euch so unbehaglich zumute ist.«

»Offenbar weißt du gar nichts«, erwiderte der Meister mit leisem Seufzen.

»Dann erklärt es mir.«

Des Meisters Stimme wurde zu einem Flüstern. »Die beiden Zechkumpane des Herrn Böck – hast du gehört, was mit ihnen geschehen ist?«

»Der Lehrling des Böttchers hat mir zugeraunt, dass sie nach dem Tod ihres Freundes irregeworden sind. Aber das ist sicher bloß dummes Gerede.«

Der Meister stöhnte auf. »Ist es nicht, Dummkopf. Die beiden hat in der Tat der Wahnsinn eingeholt, weil Gottes Strafe ihrem Frevel auf den Fuß folgte.«

»Frevel? Gottes Strafe?«, fragte Hans verwirrt.

»Also schön, ich geb's auf. Ich werde dir sagen, weshalb ich das Haus des Wirtes lieber nicht betreten würde. Aber wehe, du gibst hinterher Fersengeld! Du wirst artig mit mir da reingehen und mir bei der Arbeit zur Hand gehen, hast du verstanden?«

»Ja, Meister«, antwortete Hans und schluckte schwer.

Der Meister erwiderte den Gruß eines Vorübergehenden. Erst dann begann er mit verhaltener Stimme zu berichten: »Böck und seine Freunde, so heißt es, pflegten im ›Ochsen‹ nicht nur um die Wette zu saufen, sondern trieben auch allerlei bösen Schabernack. So war es eine ihrer liebsten Beschäftigungen, sich über die Zeremonien der heiligen Messe lustig zu machen. Böck ahmte hierbei den Priester nach, während die anderen die Ministranten mimten. Die Worte, die ihnen hierbei über die Lippen kamen, waren natürlich alles andere als gottesfürchtig.«

Hans schüttelte den Kopf, als könne er diese ungeheuerlichen Behauptungen einfach nicht glauben. Sein Meister aber fuhr fort: »Nun, vergangenen Samstag muss unser Herr im Himmel wohl beschlossen haben, diesem frevelhaften Treiben ein Ende zu setzen. Als der Böck, betrunken wie ein Seemann, höhnisch einen Kronentaler wie eine Hostie in die Höhe reckte, stolperte er, fiel rücklings zu Boden und brach sich auf diese Weise das Genick. Seitdem gibt es auf dem Fußboden einen riesigen Blutfleck. Dieser, so behauptet der Wirt, lässt sich durch kein Mittel mehr beseitigen.«

»Geschieht dem Wirt ganz recht«, warf Hans ein, dem es eiskalt den Rücken herunterlief. »Schließlich hat er diese Gotteslästereien in seiner Gaststube ja offenbar geduldet.«

»Da sprichst du ein wahres Wort. Nur: Der Wirt hat mich beauftragt, die blutbeschmierten Dielenbretter auszuwechseln. Kannst du nun verstehen, warum mir so unwohl zumute ist? Am liebsten würde ich diesen Ort der Todsünde niemals betreten – oh nein, schau mich nicht so an, Bursche. Du kommst mit mir, ob du willst oder nicht.«

Der Geruch nach Blut und Tod schien über der Stätte des Frevels zu liegen. Sie verrichteten ihre Arbeit schweigend, unter den finsteren Blicken des Wirtes, und als sie endlich fertig waren, hatten sie es eilig, zu verschwinden. Nachdem er seinen Lohn empfangen hatte, verließ der Meister mit hastigen Schritten die Stube, gefolgt von seinem Lehrling, der das Gefühl hatte, einem Vorraum der Hölle zu entfliehen.

»Uff!«, atmete Hans draußen auf. »Das wäre geschafft!«

»Gott sei Dank«, murmelte der Meister nicht minder erleichtert, bevor sie in ihre Werkstatt zurückkehrten.

*

»Meister?«

Der Zimmermann legte seinen Hobel beiseite und sah den eintretenden Lehrling ärgerlich an.

»Was ist denn schon wieder?«

»Der Wirt des ›Ochsen‹ steht draußen vor der Tür und will mit Euch sprechen.«

Erst jetzt fiel dem Meister auf, dass Hans so bleichgesichtig wie ein Toter war.

»Der Wirt? Was will er noch von mir?«

»Er scheint recht aufgebracht zu sein und …«

»Und was?«, brauste der Meister auf. »Ist er mit meiner Arbeit nicht zufrieden?«

Hans schien am ganzen Leib zu zittern. »Der Blutfleck auf dem Fußboden«, hauchte er. »Er ist wieder da!«

Der Zwerg, der nur helfen wollte

(Reifferscheid)

Die junge Frau starrte finster gegen die feuchte Kerkerwand. Sie kauerte auf einem Haufen übel riechenden Strohs und flüsterte ein paar unverständliche Worte vor sich hin, wobei nicht klar war, ob es sich hierbei um Gebete oder Verwünschungen handelte. Durch ein winziges Loch in der Wand fiel das letzte Tageslicht ins Innere des Verlieses, immerhin noch genug, um nicht gänzlich von Dunkelheit umgeben zu sein.

Plötzlich horchte die Frau auf. Kamen da nicht kratzende und klopfende Geräusche von der Wand her? Waren es Ratten oder Mäuse, von denen es schließlich hier unten mehr als genug gab? Doch nein, es klang, als grabe sich jemand durch das Mauerwerk zu ihr vor. Und tatsächlich, im nächsten Augenblick brach die Wand durch, und knapp über dem Boden entstand ein Loch. Zum Vorschein kam der Kopf eines kleinen Mannes mit einem runden, weißbärtigen Gesicht. Er erblickte die Frau, die ihn staunend musterte, kroch ächzend aus seinem Loch hervor und klopfte sich mit seinen kurzen Armen den Staub von den Kleidern. Dann nahm er die rote Mütze von seinem Kopf und verbeugte sich mit einer erstaunlich eleganten Bewegung vor der Gefangenen, die sich langsam vor ihm erhob.

»Wer seid Ihr?«, fragte die Frau verwundert.

»Ei, ich bin nur ein Zwerg«, erwiderte der kleine Mann, »wenn auch immerhin der König der hiesigen Zwerge.«

Er reichte ihr kaum bis zu den Hüften, weshalb die Frau ihren anfänglichen Gedanken, man könne sie zum Narren halten, wieder verwarf. »Ja, offensichtlich«, hauchte sie.

Der Zwerg zupfte eitel an seinen Kleidern und streckte die Brust. »Und dürfte ich nun erfahren, welches edle Fräulein vor mir steht?«

»Ich bin die Gemahlin des Grafen Johann von Reifferscheid!« erwiderte die Gefragte bitter.

»Wirklich?« Die buschigen Brauen des Zwerges hoben sich fragend, doch der Klang seiner Stimme ließ vermuten, dass die Behauptung der jungen Frau in Wirklichkeit keine Überraschung für ihn war. »Ei, dann frage ich mich ernsthaft, was Ihr in diesem Loch zu suchen habt.«

»Oh, da müsst Ihr meinen Gatten fragen, denn er war es selbst, der mich hier hineinwerfen ließ.« Die Augen der Gräfin wurden feucht. Verzweifelt ließ sie sich wieder ins Stroh sinken.

»Aber warum tat er das?«, beharrte der Zwerg.

»Er glaubt, dass ich ihm untreu war«, schniefte sie.

»Erzählt mir, was geschehen ist«, forderte der Zwerg sie mit väterlicher Stimme auf, setzte sich zu ihr und ergriff ihre Hand.

»Mein Gatte war für eineinhalb Jahre in den Süden gezogen«, begann sie, »um für eine gerechte Sache zu kämpfen.«

»Ich verstehe«, sagte der Zwerg, »und ich ahne, was Euch in der Zwischenzeit widerfuhr. Eineinhalb Jahre sind eine lange Zeit, und Ihr seid ein hübsches Weib. Gewiss gab es da ein paar Männer, die glaubten, die Abwesenheit des Grafen ausnutzen zu können, um Euch den Hof zu machen.«

»Woher wisst Ihr …? Ach ja, Ihr seid schließlich der Zwergenkönig.«

»Man muss nicht Zwergenkönig sein, um die unseligen Triebe von euch Menschen zu begreifen. Es ist immer das Gleiche, und das seit undenklichen Zeiten. Erzählt nur weiter: Wer war der Hartnäckige, der Euer Herz zu gewinnen versuchte?«

»Der junge Herr von Vianden. Er wollte mir einreden, dass mein Gemahl gefallen sei. Ich aber glaubte ihm nicht und wies ihn zurück. In der vergangenen Woche kehrte der Graf endlich heim. Wie groß war da meine Freude – bis ich mich plötzlich üblen Verleumdungen ausgesetzt sah! Schon bald fand ich mich in diesem Loch wieder.«

Der Zwerg schlug die Hände über seinem Kopf zusammen. Seine ohnehin roten Wangen begannen zu glühen.

»Und Euer Gemahl glaubte den Worten seiner verbrecherischen Gefolgsleute mehr als den Unschuldsbeteuerungen des eigenen Weibes. Verdammt, es ist doch wirklich immer das Gleiche …«

»Und Ihr? Ihr glaubt mir?«

»Selbstverständlich. Der König der Zwerge lässt sich nicht ohne weiteres belügen!«

Die Gräfin versuchte ein Lächeln, das freilich nicht lange hielt. »Nichtsdestotrotz hat man mich zum Tod auf dem Scheiterhaufen verurteilt. Schon morgen früh soll es geschehen.«

»Das wird ja immer haarsträubender«, meinte der Zwerg und erhob sich zornig. »Ihr werdet jetzt mit mir kommen, Gräfin.«

»Ich? Mit Euch? Aber wohin?«

»In die Freiheit natürlich.«

»Ich soll durch dieses Loch kriechen?«

»Natürlich. Es sei denn, Ihr möchtet lieber hierbleiben.«

Heftig schüttelte sie den Kopf. »Auf keinen Fall. Aber was geschieht dann?«

»Ei, ich fürchte, dann werde ich ein ernstes Wort mit dem Grafen sprechen müssen. Seid unbesorgt, Gräfin, alles wird gut. Ich will nur helfen!«

*

Viele Jahre später, an einem kalten Winterabend

Sie saßen in der Kemenate und genossen die behagliche Wärme des Feuers. Nachdem sie eine ganze Zeit lang schweigend in die Flammen geschaut hatten, räusperte sich der Graf.

»Liebst du mich eigentlich immer noch?«, fragte er.

»Immer noch«, bestätigte die Gräfin.

»Womit habe ich das verdient? Nach allem, was ich dir damals angetan habe?«

»Man muss auch verzeihen können, mein Lieber. Ei, denk nur an die Worte des Zwergenkönigs.«

»Wie könnte ich seine Worte vergessen? Nicht einmal mein strenger Herr Vater hat mir jemals derart die Leviten gelesen. Wenn ich bedenke, dass ich dich beinahe auf den Scheiterhaufen geschickt hätte …«

»Schon gut, mein Lieber, sei nun still. Der Zwergenkönig hat geholfen, was wollen wir mehr? Lassen wir die Vergangenheit ruhen.«

Sie griff nach seiner Hand und drückte sie fest. Dann starrten sie wieder in die Flammen des Feuers.

Hunde aus der Hölle

(Blankenheim)

Leise, leise! Bloß niemanden wecken!

Adam griff verstohlen nach seiner Kleidung. Das Schnarchen der Eltern beruhigte ihn. Nicht einmal der Hund interessierte sich für seine ungewöhnliche nächtliche Aktivität. Gut so! Wenn der Vater merkte, dass er das Haus verlassen wollte, dann gab's unbequeme Fragen und zudem was um die Ohren. Also, bloß niemanden wecken.

Ein wenig Mondlicht fiel durch die Fensterluke und erleichterte Adam die Suche nach seinen Stiefeln. Jetzt nur noch die Kappe auf den Kopf und – fertig!

Lautlos wie ein Heinzelmännchen bewegte er sich auf das Fenster zu und spähte in die Nacht hinaus. Alles war still. Da, ein dunkler Schatten, dort unten auf der Straße: sein Freund Till, der auf ihn wartete. Nun galt es, sich davonzustehlen, ohne jemanden aus seinen Träumen zu reißen, was den vorerst schwierigsten Teil des nächtlichen Abenteuers darstellte. Doch alles ging glatt. Adam kletterte die Hauswand hinab, als hätte er dies schon hundert Mal gemacht. Grinsend empfing ihn sein wartender Freund.

»Dann kann's ja losgehen«, flüsterte Till.

Till reichte dem Freund eine Schaufel; eine weitere hielt er selbst in den Händen, außerdem eine Spitzhacke und einen braunen Sack.

»Was willst du mit dem Sack?«, wunderte sich Adam.

»Witzbold! Irgendwie müssen wir den Schatz ja schleppen.«

»Um ehrlich zu sein, ich kann's mir immer noch nicht vorstellen, dass wir dort einen Schatz finden werden.«

»Ha, du wirst schon sehen. Und außerdem – wenn du zweifelst, weshalb kommst du dann mit mir?«

»Weil du mein Freund bist, Till.«

Lautlos bewegten sie sich durch die Gassen Blankenheims, ohne jemandes Aufmerksamkeit auf sich zu ziehen. Noch eine knappe Stunde war es bis Mitternacht. Zum Glück streiften an diesem Abend keine späten Zecher oder andere merkwürdigen Nachtgestalten mehr durch die Stadt. Und auch der Nachtwächter schien sich für eine Weile aufs Ohr gelegt zu haben. Erst als die beiden Knaben die Stadt durch eine halbvergessene, durch Buschwerk versteckte Pforte in der Mauer verlassen hatten, trauten sie sich wieder zu sprechen. Till war guter Dinge. »Bald sind wir reich«, trällerte er.

»Wie weit ist es noch bis zu den Ruinen?«, wollte Adam wissen. Seine Euphorie hielt sich im Gegensatz zu der des Freundes in Grenzen.

»Wir sind gleich da«, erwiderte Till. »Sei nicht so ungeduldig.«

»Ungeduldig? Eher ist mir ein wenig mulmig zumute«, gab Adam zu.

»Angst hast du? Wovor?«

»Es gibt Leute, die behaupten, dort gehe es nicht mit rechten Dingen zu.«

»So ein Blödsinn.« Der Freund lachte laut auf. »Die Erwachsenen erzählen solche Geschichten doch nur, um uns Kindern Angst einzujagen.«

»Sie werden ihre Gründe dafür haben.«

Till atmete tief ein. »Ich kann nicht glauben, dass du jetzt kneifen willst, Adam.«

»Habe ich vielleicht gesagt, dass ich kneife? Ich komme mit dir, was willst du mehr? Aber mir ist nun mal ein wenig komisch zumute, ob dir das gefällt oder nicht.«

Till blieb stehen, baute sich vor dem Freund auf und fasste ihn sanft bei den Schultern. »Also gut, ich will dir erklären, was es mit der Ruine auf sich hat. Und wenn du die Geschichte gehört hast, wirst du feststellen, dass es keinen Grund zur Sorge gibt. Alle Menschen, die einst dort lebten, sind seit mehr als hundert Jahren tot. Niemand kann uns dort etwas zu Leide tun.«

»Ich kenne die Geschichte der Templer«, winkte Adam ungehalten ab, doch Till schüttelte den Kopf, wie ein Lehrer, der an der Unbelehrbarkeit eines Schülers verzweifelt.

»Du kennst vielleicht die Gräuelmärchen deiner Eltern, aber ich kenne die wahre Geschichte über die Templer zu Blankenheim. Also hör mir zu!

Während der Kreuzzüge«, begann Till und hob den Zeigefinger wie ein Lehrer, »während der Kreuzzüge gelangten einige Tempelritter im Heiligen Land zu beachtlichem Reichtum. Mit ihren Schätzen kehrten sie in die Heimat zurück – und die war hier, bei Blankenheim. Sie bauten sich ein Schloss und residierten dort fortan. Eines Tages aber wurden die Templer den Leuten zu mächtig, deshalb heuerten sie Kriegsvolk an und legten das Schloss in Schutt und Asche. Es war weiß Gott nicht die erste Burg, die von rauflustigen Menschen dem Erdboden gleichgemacht wurde. Was ist schon beängstigend an dieser Geschichte?«

Adam kaute zweifelnd an seiner Unterlippe. »Man sagt, dass die Templer anfangs nur den Schutz und das Wohl der ganzen Bevölkerung im Auge hatten. Alle Menschen der Umgebung sollen im Wohlstand gelebt haben, heißt es. Als aber eines Tages ein wahrer Halunke zum Großmeister der Templer gewählt wurde, machte sich dieser bei den Leuten durch seine Habgier und Ungerechtigkeit verhasst. Deshalb kam es schließlich zu dem Kriegszug gegen die Templer. Dreißig Tage wurde das Schloss belagert. Als die Templer einen Ausfall wagten, wurden sie niedergemacht. Der Großmeister überlebte als einziger und kehrte zum Schloss zurück. Dort stellte er sich mit seinen Bluthunden vor das Tor und erwartete seine Verfolger.«

»Ja, ja, ich weiß«, fiel Till spöttisch ein, »diesen Bären hat mir auch mal jemand aufzubinden versucht: Während der garstige Großmeister und die fürchterlichen Bluthunde die Feinde am Tor auf Distanz hielten, hatte ein fürchterliches Gewitter eingesetzt. Am Ende traf den Bösewicht der Blitz ...«

»Ja, denn gegen die Wut der Menschen vermochte er sich zu wehren, doch gegen Gottes Zorn nicht. Auch das Schloss wurde ein Opfer der Naturgewalt und brannte bis auf die Grundmauern nieder.«

»Und seitdem herrscht Ruhe. Nur die Schätze lagern noch irgendwo unter den Ruinen.«

Abermals begann es Adam zu schaudern. »Ja, aber sie werden bewacht von ...«

»Genug jetzt, Adam. Die Schätze werden bewacht von niemandem. Und weißt du auch warum? Weil die meisten Menschen sich in die Hosen machen, wenn man ihnen solche Märchen erzählt. Wir aber machen uns nicht in die Hosen, verstehst du? Wir werden den Schatz finden und reich sein. Reich bis an unser Lebensende! Komm jetzt, wir sind gleich da!«

Bäume und Sträucher wuchsen über den Ruinen des einstigen Templerschlosses. Fledermäuse zogen ihre Bahnen am Nachthimmel, der von einem halben Mond erleuchtet wurde. Käuze schrien, und in der Ferne hörte man einen Fuchs bellen. Hier und dort stieg nebliger Dunst aus unsichtbaren Erdlöchern.

»Wo kommt denn dieser verdammte Nebel her?«, fluchte Adam leise vor sich hin.

»Nachts gibt's Nebel, das war schon immer so und wird sich auch sicher niemals ändern«, erklärte Till mit neuer Geduld. »Aber der Nebel wird uns nicht daran hindern, nach unserem Schatz zu graben.«

»Woher weißt du überhaupt, *wo* wir graben müssen?«

»Das überlass nur mir, ich habe dafür ein Gespür. Der Schatz wird sich in einem Kellergewölbe des Schlosses befunden haben, weit weg von den Außenmauern, damit kein gewiefter Schatzsucher sich bis dorthin vorgraben konnte. Wir müssen also die Mitte der Schlossanlage finden und weitersehen.«

Sie stiegen über moosbewachsene Steine und scheuchten kleinere Tiere auf, die vor ihnen davonstoben, und jedes Mal bekam Adam einen riesigen Schreck. Till indessen ließ sich durch nichts beirren. Er erzählte von den Dingen, die er sich kaufen würde, sobald sie den Schatz gefunden hatten, doch Adam hörte ihm nur mit einem Ohr zu. Mit dem anderen horchte er nach den Gefahren, die möglicherweise auf sie lauerten.

»Hier!«, sagte Till nach einer Weile und blieb stehen. »Siehst du dort das Loch in der Erde, Adam? Dort gibt es wohl eine Treppe.«

»Du willst da runter?«, fragte Adam erbleichend.

Till grinste und holte eine Laterne und einen Feuerstein aus seinem Sack hervor. Er hatte an alles gedacht. »Leider kommt der Schatz nicht von alleine zu uns. Wir müssen schon etwas dafür tun! Was ist nun, kommst du mit mir oder nicht?«

»Es ist das letzte Mal, das ich dir etwas versprochen habe«, knurrte Adam und folgte dem frohlockenden Freund.

Die Treppe war steil, ihre Stufen glitschig und kalt. Vorsichtig stiegen sie hinab und gelangten in einen finsteren Gang.

»Und jetzt?«, fragte Adam unbehaglich. Obwohl er flüsterte, hallte seine Stimme von den feuchten Wänden wider.

»Weiter!« Till gab den Weg vor; was blieb dem Freund übrig, als ihm zu folgen? Es roch nach Moder und uralten Gemäuern.

Bald gelangten sie in einen größeren Raum, in dem sich ein halber Berg von Schutt und Geröll türmte. Tills Laterne ließ ihre Schatten gespenstisch tanzen.

»Hier könnte es zum Beispiel gewesen sein«, mutmaßte Till.

»Wovon sprichst du?«

»Von der Schatzkammer, du Spaßvogel, weshalb sonst sind wir gekommen? Los, hier wollen wir ein wenig buddeln.« Er stellte die Laterne beiseite und umfasste den Stiel seiner Schaufel mit beiden Händen. »Na, dann wollen wir mal!«

Eine Weile lang arbeiteten sie schweigend nebeneinander. Steine flogen von hier nach dort, und allmählich verkleinerte sich die Geröllhalde vor ihren Augen. Plötzlich stieß Tills Schaufel gegen etwas Hölzernes.

»Da!«, rief er begeistert aus. »Eine Kiste!«

Er warf die Schaufel beiseite und begann die Kiste fieberhaft mit seinen Händen vom restlichen Schutt zu befreien. Endlich lag sie frei und offen vor den beiden Freunden, deren Kinnladen staunend nach unten fielen. Die Kiste war etwa halb so groß wie ein Sarg, bestand aus edlem Holz und schien weder Schloss noch Riegel zu besitzen. Till kniete nieder und griff mit zitternden Händen nach dem Deckel, um ihn vorsichtig in die Höhe zu klappen. Aus der Stadt hörte man gedämpftes Glockengeläut: Es war Mitternacht.

Ein fernes, schauerliches Geheul ließ Till in der Bewegung erstarren.

»Was war das?«, fragte Till. Das Echo des Geheuls hallte immer noch nach.

»Hörte sich an wie ein paar Hunde«, gab der Freund zurück. Adams Beine waren weich wie Wachs geworden. Till wollte ihm heftig widersprechen, als das Heulen von Neuem an ihre Ohren drang. Und diesmal – kein Zweifel – kam es näher.

»Die Viecher kommen hierher«, stellte Adam furchtsamer denn je fest. Die Nackenhaare sträubten sich ihm wie bei einer Katze. »Schnell, lass uns von hier verschwinden!«

»Aber die Kiste ...«

Till wollte den Deckel endlich in die Höhe hieven, doch das Heulen ließ sein Blut in den Adern gefrieren: Die Tiere mussten bereits ganz nahe sein. Nicht mehr nur ihr schreckliches Heulen war nun zu vernehmen, sondern auch ihr wütendes Knurren: Ein Rudel blutrünstiger Bestien hatte sich aufgemacht, um die Knaben zu zerfleischen.

»Komm schon, du Idiot!« Adam packte die Laterne und ergriff die Flucht. Till gab seinen Widerstand gänzlich auf und folgte dem Freund, so schnell seine zitternden Beine ihn noch zu tragen vermochten.

Sie rannten den Gang entlang, den sie bereits gekommen waren. Niemand wagte es, hinter sich zu blicken, glaubten sie doch den heißen Atem ihrer schrecklichen Verfolger bereits im Nacken zu spüren. Sie erreichten die Treppe, stolperten hinauf, mehrere Stufen auf einmal nehmend. Die mondhelle Nacht empfing sie wie eine Erlösung, und doch rannten sie weiter, immer weiter. Sie sprachen nicht, blickten nicht zurück und schrien nicht um Hilfe. Sie benötigten ihren Atem allein für die Rettung ihres jungen Lebens. Als sie die Pforte in der Stadtmauer erreichten, zwängten sie sich hindurch, rannten weiter und liefen den verdutzten Stadtwächter beinahe über den Haufen. Schließlich erreichten sie den Marktplatz, der in friedlicher nächtlicher Ruhe vor ihnen lag. Völlig außer Atem ließen sie sich auf die Erde fallen und warteten darauf, dass ihre Lungen platzten.

Zum Glück platzten ihre Lungen nicht, sondern erholten sich nach einer Weile von den Strapazen der Flucht. Auch der Herzschlag der Knaben verlangsamte sich allmählich, doch noch immer stand ihnen die nackte Angst in den Gesichtern geschrieben.

»Adam?« Tills Stimme war so kleinlaut wie wahrscheinlich noch nie in seinem Leben.

»Was?«

»Vorhin, als du mir deine Version vom Ende der Blankenheimer Templer erzählt hast, habe ich dich unterbrochen. Das war nicht besonders höflich von mir. Du wolltest mir gerade erzählen, wer wohl die Schätze der Templer bewacht, als ich dir so barsch das Wort abschnitt ...«

»Ach, wer wird denn so kleinlich sein«, keuchte Adam, »entschuldigen brauchst du dich wirklich nicht dafür.«

»Ja, aber ... Wer bewacht denn nun jenen Schatz?«

»Die Bluthunde des Großmeisters! Jedenfalls hat mir das meine Großmutter erzählt.«

Ächzend reckte Till seine erschöpften Glieder. »Und offenbar bewachen ihn diese teuflischen Köter noch bis heute!«

Der prügelnde Kobold

(Jünkerath, Schmidtheim)

Gerne hatte Niklas Pelzer, Fuhrmann aus Schmidtheim, die Einladung des Hüttenmeisters angenommen, noch auf einen Becher Wein zu ihm in die Stube einzukehren. Zum ersten Mal hatte Niklas Eisenerz nach Jünkerath ins Werk gebracht, und die Männer tranken auf ihre neue Geschäftsbeziehung. Aus dem Becher freilich waren ein paar mehr geworden, und die Zeit war wie im Flug verstrichen.

»Ihr seid aus Schmidtheim?«, fragte der Hüttenmeister schließlich. »Nicht, dass mir Eure Gesellschaft nicht genehm wäre, aber wenn Ihr noch vor Anbruch der Dunkelheit daheim ankommen wollt, solltet Ihr allmählich aufbrechen.«

»Ach was«, winkte Niklas ab und ließ sich abermals den Becher füllen, »den Weg finde ich auch im Dunkeln. Es wäre nicht die erste nächtliche Fahrt, die mein treues Ross Jule und ich unternehmen. Glaubt mir, ich besitze die Augen einer Eule.«

Der Hüttenmeister strich sich übers Kinn. »Das mag ja sein«, erklärte er nachdenklich, »aber nicht wegen der Dunkelheit sorge ich mich um Euch.«

»Oh, wenn es Banditen sind, die Euch Unbehagen bereiten, so lasst Euch gesagt sein, dass ich eine Büchse dabeihabe, mit der ich vortrefflich umzugehen weiß.«

»Auch das glaube ich Euch aufs Wort. Aber ist Euch denn nicht klar, dass Ihr auf dem Weg nach Schmidtheim am Moorbach vorbeimüsst? Dort gibt es einen nichtsnutzigen Kobold, der den Leuten nachts auflauert und sie gehörig verprügelt.«

Niklas Pelzer begann dröhnend zu lachen. »Ein Kobold!«, prustete er. »Ihr glaubt an dieses Weibergewäsch?«

»Ich bin ihm selbst schon einmal begegnet«, erwiderte der Hüttenmeister beleidigt, »und ich war froh, dass er es bei dem Veilchen, das er mir schlug, beließ.«

»Ihr habt Euch von einem Strauchdieb verprügeln lassen, mein Herr. Ich aber werde mich zu wehren wissen.«

»Es war kein Strauchdieb«, widersprach der Hüttenmeister energisch. »Eure stattliche Gestalt lässt mich zwar nicht an Eurem Kampfesmut zweifeln, aber reine Körperkraft wird Euch gegen den Bösewicht nichts nützen: Er ist nämlich unsichtbar!«

»Falls ich diesem Kobold wirklich begegne, werde ich Euch beim nächsten Mal wohl einiges zu erzählen haben«, amüsierte sich Niklas Pelzer mit herzlichem Lachen.

*

Längst ist die Sonne hinter den sanften Hügeln gesunken, als Niklas Pelzer den Wald erreicht, den die Leute »Eichholz« nennen. Nicht mehr weit bis zum Moorbach ist es, wo der Kobold sein Unwesen treiben soll. Niklas schmunzelt auf dem Kutschbock vor sich hin – er denkt an die angstvollen Worte des Hüttenmeisters –, während Jule, sein Pferd, gemächlich den Wagen zieht. Nachtvögel kreischen in den dunklen Wipfeln der Bäume.

Des Hüttenmeisters Wein ist Niklas gut bekommen. Gut gelaunt pfeift er ein Liedchen. »Jule, hast du eigentlich jemals einen Kobold gesehen?«, ruft er seinem Pferd zu. »Ich auch nicht«, fährt er fort, formt einen Trichter vor seinem Mund und schreit in die Nacht hinein: »He, Kobold! Wo bist du? Komm, Moorbachmännlein, enttäusche mich nicht! Ich habe viel von dir gehört!«

Plötzlich wird es stockfinster. Der Mond ist hinter einer düsteren Wolkenwand verschwunden. Nicht einmal die Hand kann man vor seinen Augen sehen. Niklas wird ganz wirr im Kopf, hat das Gefühl, wie ein Blatt durch die Lüfte zu fliegen. Wo ist sein Fuhrwerk, wo ist Jule? Was, zum Teufel, geschieht hier?

Dann setzt es Prügel. Unablässig. Zuerst saust etwas auf seinen Buckel herab. Ein Knüppel! Niklas stockt der Atem. Und der Knüppel schlägt unverdrossen weiter. Schlägt zu, als wolle er ihm sämtliche Knochen brechen. Niklas ist unfähig, sich zu wehren. Laut schreit er zuerst um Hilfe, dann um Gnade. Schließlich ein schmerzhafter Aufprall ...

Am Nachthimmel erscheint wieder der Mond zwischen den Wolken. Mildes Licht erhellt den Wald. Niklas findet sich in einem Dreckloch wieder. Er hat Schmerzen, überall. Dennoch springt er auf und rennt davon, immer weiter, bis er in der Ferne den schemenhaften Kirchturm von Schmidtheim erblickt. Und was für ein Glück: Auf einer Anhöhe vor dem Dorf steht sein Fuhrwerk. Auch Jule wartet dort und blickt verständnislos auf ihren herannahenden Herrn, der es plötzlich sehr eilig hat, nach Hause zu kommen.

*

»Und? Seid Ihr dem Kobold letztens begegnet?«, fragte der Hüttenmeister, während er seinem Gast Wein einschenkte. Niklas aber mied seinen Blick, schüttelte nur stumm den Kopf.

»Oh, dann habt Ihr wahres Glück gehabt«, sagte der Hüttenmeister beruhigt. »Meine Sorge um Euch war nicht gering. Nun, vielleicht hat der Kobold sich ja endlich eines Besseren besonnen und lässt die Leute künftig in Frieden. Doch sagt mir, woher stammt das Veilchen an Eurem Auge? Und all die blauen Flecken an Euren Armen?«

»Bin daheim die Treppe herabgestürzt«, erwiderte Niklas wortkarg.

»Tja, ein solches Unglück ist schnell geschehen. Zum Glück habt Ihr Euch nicht den Hals gebrochen. Das Leben kann ja so schnell vorüber sein. Trinken wir also auf Eure Gesundheit. Und heute Abend möchte ich Euch gern zum Essen einladen. Mein Weib wird uns etwas Leckeres kochen!«

»Heute Abend?« Niklas' Augen funkelten ängstlich. »Das geht nicht. Ich muss noch vor Einbruch der Dunkelheit zu Hause sein.«

Der Hüttenmeister runzelte bedauernd die Stirn. »Das ist wirklich schade. Und ich habe gedacht, da es Euch ja nichts ausmacht, auch nachts zu fahren, könnten wir es uns gemütlich machen.«

»Mein Weib«, unterbrach ihn Niklas hastig. »Mein Weib schimpft wie ein Rohrspatz, wenn ich abends zu spät nach Hause komme.«

»Ihr hört auf Euer Weib?« Der Hüttenmeister lachte laut und hielt sich den Bauch dabei. »Das hätte ich wirklich nicht von Euch gedacht. Ein Haudegen wie Ihr, der unter der Knute steht ...« Er schüttelte fassungslos den Kopf.

»Sie fürchtet sich eben, wenn sie alleine ist«, sagte Niklas zerknirscht. »So sind sie nun mal, die Weiber!«

Teuflisches Spiel

(Mechernich, Kakushöhle)

Bodo und Hannes konnten ihr Glück kaum fassen, während die Pechsträhne des seltsamen Fremden kein Ende zu nehmen schien. Obwohl dieser fast jedes Spiel verlor, wurde sein Geldbeutel nicht leerer und seine Spiellust kaum geringer. Bodo und Hannes würden ihn ausnehmen wie der Schlachter das Schwein. Er selbst hatte es schließlich nicht anders gewollt.

Dabei hatten Bodo und Hannes noch am Mittag mit ihrem schlechten Gewissen gekämpft, schließlich war heute Karfreitag. Jeder anständige Mensch ging an einem solchen Tag in die Kirche anstatt zu sündigen. Und Kartenspielen am Todestag des Herrn war zweifellos eine Sünde, eine schwere sogar, das war den beiden Bauern wohl bewusst. Doch ihre Spiellust hatte über ihre Frömmigkeit gesiegt. Heimlich hatten sie sich von zu Hause davongeschlichen, um in der Kakushöhle – ein Ort, an dem ihre Frauen sie wahrscheinlich kaum suchen würden – ihrer Leidenschaft zu frönen. Irgendwann würden sie diese Sünde eben dem Pfarrer beichten müssen. Niemand, so sagten sie sich, ist schließlich vollkommen.

Zunächst hatten sie sich mächtig erschrocken, als der großgewachsene Fremde plötzlich in die Höhle getreten war. Er trug einen dunklen Mantel und besaß ein kantiges, beinahe furchteinflößendes Gesicht. Der Schrecken der Bauern war jedoch schnell der Begeisterung gewichen, weil der Ankömmling sich ebenfalls als Freund des Kartenspiels zu erkennen gab. Er bat die beiden, an dem Spiel teilnehmen zu dürfen und machte aus seinem Reichtum keinen Hehl, indem er unablässig mit dem Gold in der Tasche klimperte. Natürlich luden Bodo und Hannes ihn ein, sich zu ihnen zu gesellen und mitzuspielen.

Nach fünf verlorenen Spielen gab der Fremde einen tiefen Stoßseufzer von sich und unterbreitete einen merkwürdigen

Vorschlag: Wer das Spiel als erster beende, solle zur Hölle fahren! Bodo und Hannes zuckten mit den Schultern und erklärten sich einverstanden. Offenbar kämpfte der Fremde mit billigen Tricks, um sein verlorenes Geld wiederzugewinnen. Da ist er freilich an die Falschen geraten, dachte Bodo und grinste seinen Kumpanen an: Gruslige Kindermärchen würden sie nicht davon abhalten, ihr Spielglück weiter auszunutzen.

Sie siegten und siegten immer weiter. Doch der Fremde, von scheinbarer Wut erfüllt, gab nicht auf und sein Geldbeutel wurde einfach nicht leer. Bodos Rausch wich blankem Entsetzen, als er sich nach einer Karte bückte, die ihm auf den Boden gefallen war.

Es war, als dringe eisiger Schweiß aus all seinen Poren, doch was er sah, war schreckliche Wirklichkeit: Der Fremde besaß einen Pferdefuß, war demnach niemand anders als der Teufel selbst. Bodo erinnerte sich an ihre Abmachung mit ihm und wurde von namenloser Angst erfasst. Was nun? Wenn er oder Hannes das Spiel beendeten, waren sie unrettbar verloren. Dem Teufel aber würde das Geld niemals ausgehen, soviel stand fest.

Mit leichenblasser Miene richtete Bodo sich wieder auf und setzte das Spiel fort. Keiner der drei Spieler bemerkte, dass ein Paar maßlos entsetzter Augen sie beobachtete ...

*

Mechernich

»Hochwürden! Hochwürden ...!«

Die Frau, die einem Irrwisch gleich in das Pfarrhaus platzte, hielt sich nicht lange daran auf, an die Tür zu klopfen. Unwillig musterte sie der Pfarrer, der in seinem Sessel saß und sich in seiner karfreitäglichen Einkehr gestört sah.

»Wo bleiben deine Manieren, Frau? Und überhaupt, wo ist eigentlich dein Mann? Ich habe ihn heute nicht in der Kirche gesehen!«

»Um ihn geht es ja gerade, Hochwürden«, keuchte die Frau atemlos. »Er hat sich mit seinem Freund, diesem nichtsnutzigen Hannes, aufgemacht, um in der Kakushöhle Karten zu spielen.«

»Karten spielen in der Kakushöhle?« Zornig erhob sich der Seelenhirte, stemmte die Hände in die Hüften und schrie: »Wissen diese Lümmel denn nicht, welcher Tag heute ist?!«

»Das wissen sie ganz gewiss, sonst hätten sie nicht ein solches Versteck für ihr Laster erwählt.« Einen Augenblick lang schwieg die Frau beschämt, doch dann nahm das Entsetzen wieder überhand. »Sie haben wohl gedacht, ich würde sie in der Höhle nicht finden, doch ich bin nicht so dumm, wie sie glauben. Es konnte ja nur ein ungewöhnlicher Ort sein, wo sie sich aufhielten.« Sie schluckte schwer. »Aber Ihr werdet nicht glauben, mit *wem* die beiden Tunichtgute dort spielen ...«

»Das kann nur der Leibhaftige sein!«, rief der Pfarrer aus. »Wer sonst besitzt die Dreistigkeit, am Karfreitag zwei Sünder zu verführen? Oh, du brauchst mir nichts weiter zu erzählen, ich weiß genau, was dort vor sich gegangen ist: Satan hat sich zu den beiden Männern gesellt und ihre Gier angestachelt. Sicher hat er sie immerfort gewinnen lassen, doch in Wahrheit ist er nur auf ihre Seelen aus.«

Schluchzend vergrub die Frau ihr Gesicht. »Aber was können wir dagegen tun? Der Teufel wird sie mit zur Hölle nehmen!«

»Noch hat er ihre Seelen nicht«, sagte da der Pfarrer entschlossen. »Führe mich zu dieser Höhle, meine Tochter, und wir wollen sehen, ob der Fürst der Finsternis sich gegen den Anblick eines Kruzifixes zu wappnen weiß!«

*

Wer dort in Wirklichkeit vor ihnen saß und Böses im Schilde führte, hatte inzwischen auch Hannes begriffen. Sein Antlitz war nun nicht weniger bleich als das des Freundes.

»Nanu, meine Herren, warum seid Ihr so schweigsam geworden?«, sagte der finstere Fremde hämisch. »Habt Ihr etwa die Lust an dem Spiel schon verloren? Warum beendet Ihr es nicht einfach?«

»Oh, wir haben durchaus nicht die Lust verloren«, erwiderte Bodo mit zitternder Stimme.

»Wirklich nicht, es macht uns sehr viel Spaß«, stimmte Hannes nickend zu.

»Aber irgendwann werdet Ihr auch mal schlafen müssen!« Die Zähne des Höllenfürsten blitzten hell auf. »Und was dann, meine Herren?«

Bodo und Hannes starrten sich ratlos an.

»Warum seid Ihr so gierig? Ihr seid reich, steinreich. Schaut doch nur auf den Haufen Geld, den Ihr gewonnen habt. Hört endlich auf, bevor das Glück sich wendet!«

»Damit du sie mit zur Hölle nehmen kannst, Satan?«, schallte des Pfarrers Stimme wie ein Donnern durch die Höhle.

Die Gesichter der Kartenspieler richteten sich auf den beherzten Geistlichen.

»Wer bist du?«, knirschte der Teufel missmutig. »Und was geht dich unser Spiel an?«

»Das will ich dir sagen: Ein Diener des höchsten Gottes bin ich, und die Seelen der beiden Männer, die du ins Verderben reißen willst, sind mir anvertraut.«

»Verschwinde«, erwiderte der Teufel nervös, »sonst nehme ich dich gleich mit in die Unterwelt.«

»Ich bezweifle, dass dir das gelingen wird!«

Mit einer raschen Bewegung zog der Pfarrer ein Kruzifix unter seiner Sutane hervor und präsentierte es triumphierend dem Teufel. Der begann bei diesem Anblick schauerlich zu brüllen.

»Hinfort mit dir, Satan!«, schrie der Priester.

Der auf solche Weise Gemarterte sprang auf. Er erhob sich in die Lüfte, zerriss in wilder Wut den Felsen über ihren Köpfen und floh durch die entstandene Öffnung ins Freie. Zurück blieben die beiden Bauern und der Priester, die vor dem herabfallenden Gestein beiseite sprangen.

Als der Felsenregen endlich aufhörte, krochen sie aus ihren Deckungen hervor. Überall wirbelte Staub umher. Auch Bodos Frau hatte inzwischen die Höhle betreten und starrte in das schreckensstarre Gesicht ihres hustenden Gatten, der allmählich zu begreifen begann, dass er und sein Kumpan gerettet worden waren.

»Was habt ihr nur gemacht, ihr Narren?«, jammerte die Frau.

»Weib, reg dich nicht auf, ich lebe ja noch. Und außerdem sind wir jetzt reich bis an unser Lebensende!«

»Von wegen reich!«, schimpfte der Priester mit neuer Wut. »Jeden Pfennig, den du und dein Freund gewonnen habt, werdet ihr gefälligst den Armen spenden. Das soll eure Sühne sein!«

Der Schatz des Heiden

(Mahlberg, Münstereifel)

Das Mädchen, das an die Tür der Klause klopfte, war nicht älter als zwölf Jahre. Es trat ein, als eine heisere Stimme von drinnen sie dazu aufforderte.

»Ah, meine Freundin«, wurde das Mädchen von einem alten Mann begrüßt. Er saß an einem Tisch und stapelte Kerzen in eine kleine Holzkiste. »Lange schon hast du mich nicht mehr besucht. Ich dachte schon, du hättest mich vergessen.«

»Wie könnte ich Euch vergessen?«, erwiderte das Mädchen beinahe beleidigt. »Ihr seid doch wie ein lieber Großvater zu mir. Wie geht es Euch?«

»Wie es einem Greis eben so geht, der sein neunzigstes Lebensjahr fast vollendet hat. Mal zwickt es hier, mal da, und die Knochen wollen nicht immer so, wie ich es will.« Er zwinkerte mit einem Auge. »Aber ich will mich nicht beklagen. Der liebe Gott schenkt mir ein langes Leben, und ich bin froh, Ihm immer noch dienen zu können. Wo bist du so lange gewesen, Kind? Ich habe dich wahrhaftig sehr vermisst.«

»Ach, Ihr wisst doch, dass ich oft im Gasthaus meines Vaters helfen muss. In letzter Zeit gab es viel zu tun, sodass ich nicht von dort wegkonnte.«

»Aber jetzt hast du offenbar ein wenig Zeit gefunden, und darüber freue ich mich sehr. Ich wollte soeben hinüber zur Kapelle. Wirst du mich begleiten?«

»Natürlich!« Das Mädchen strahlte den alten Mann freudig an.

Das Gotteshaus auf dem Michelsberg hatte der alte Klausner vor vielen Jahren errichten lassen. Er selbst hatte die Aufgaben eines Sakristans übernommen, und wenn fromme Beter hinauf auf den Berg pilgerten, stand er ihnen stets zu Diensten. Heute jedoch hatte außer dem

Mädchen noch niemand den Weg zur Kapelle gefunden, sodass der Klausner mit einer würdevollen Seelenruhe die abgebrannten Kerzen um den Altar auszutauschen begann, wobei das Mädchen ihm auf Schritt und Tritt folgte. Als er seine Arbeit beendet hatte, kniete er nieder auf eine Bank und begann leise zu beten. Nach einer Weile erhob er sich wieder und verließ, gefolgt von seiner jungen Freundin, die Kapelle.

Draußen strahlte eine warme Frühlingssonne auf den alten Mann und das Mädchen herab.

»Lieber Gott, ich danke dir für diese Sonnenstrahlen«, sagte der Klausner mit einem wohligen Blick Richtung Himmel. Und an das Mädchen gewandt: »Du glaubst ja nicht, wie sehr das meinen müden Knochen guttut. Komm, wir wollen uns ins Gras setzen und den Frühling genießen.«

Sie nahmen Platz und blickten stumm hinunter ins Tal, wo die Bauern auf den Feldern ihrer Arbeit nachgingen. Blütenduft erfüllte die Luft.

»Heute liegt dir etwas auf dem Herzen, nicht wahr?«, brach der Klausner nach einer Weile das Schweigen.

»Woher wisst Ihr das?«, wunderte sich das Mädchen.

»Ich sehe es in deinen Augen. Nun, was willst du mich fragen, mein Kind?«

Das Mädchen schien eine Zeit lang mit sich zu kämpfen, doch dann fasste es sich ein Herz. »Wenn ich in der Gaststube meines Vaters aushelfen muss, dann höre ich oft, was die Leute sich erzählen. Und manchmal kommt die Sprache auch auf Euch.«

»Auf mich?«, gab der Alte lächelnd zurück. »Ich wusste nicht, dass ich eine Person bin, über die zu sprechen es sich lohnt.«

»Oh doch, das seid Ihr«, widersprach das Mädchen heftig. »Immerhin seid Ihr der Erbauer dieser Kapelle dort. Eigentlich weiß bis heute niemand genau, warum Ihr sie habt errichten lassen.«

»Ist das denn so wichtig?«

»Offenbar schon, sonst würden die Leute nicht so oft Vermutungen darüber anstellen.«

»Und was vermuten die Leute?«, fragte der Klausner, ohne wirklich interessiert zu wirken.

»Manche glauben, dass Ihr ein Gelübde erfüllt.«

Statt einer Erwiderung beobachtete der Klausner den Flug einer Hummel.

»Andere wiederum«, fuhr das Mädchen fort, »sind davon überzeugt, dass Ihr einst ein reicher Kaufmann wart, der die Leute immerzu betrogen hat. Die Kapelle, so sagen sie, sei ein Werk Eurer Buße.«

»Und du?«, fragte der Klausner. »Was glaubst du, mein Kind?«

»Ehrlich gesagt, weiß ich nicht, was ich glauben soll. Und eigentlich ist es auch nicht wichtig.« Sie spielte unbehaglich mit ihren Fingern. »Es ist nur ...«

»Was, mein Kind? Sprich es dir nur von der Seele.«

»Gestern Abend saß im Gasthaus ein Köhler aus Eschweiler. Er behauptete, dass Ihr einst der Besitzer eines großen Schatzes gewesen seid, wovon Ihr die Kapelle habt errichten lassen. An diesem Schatz habe jedoch Blut geklebt und die Kapelle sei auf dem Fundament eines Frevels erbaut worden. Ja, genau so drückte er sich aus.«

»Hm!« Den alten Klausner schien diese Behauptung nicht im Geringsten zu beeindrucken. »Jener Mann hält mich also für einen Mörder, wenn ich das richtig verstanden habe.«

»Ja«, gab das Mädchen unumwunden zu. »Zwar hatte der Mann schon einige Becher Wein getrunken, aber man hat ihm aufmerksam zugehört. Er sagte, sein Großvater, der Euch gut gekannt haben soll, habe ihm hierüber berichtet.«

»Möglich, dass dies der gute Johannes war«, vermutete der Alte. »Leider hat der es mit der Wahrheit nie sonderlich genau genommen und die Dinge, die er sich einbildete, stets als seine Wahrheiten ausgeplaudert.«

»Ich habe nicht eine Sekunde lang geglaubt, dass Ihr wirklich einen Menschen umgebracht habt«, verkündete das Mädchen im Brustton der Überzeugung. Es sah in sein schmunzelndes Gesicht. »Dennoch wüsste ich gerne, was es mit der Kapelle auf sich hat«, entfuhr es ihm schließlich.

»Es freut mich, meine Freundin, dass du mir keine Schandtaten zutrauen magst. Und deine Neugier ist allzu verständlich. Du bist mir so lieb wie ein Enkelkind, und deshalb will ich dir berichten, was vor vielen Jahren geschehen ist.«

Das Mädchen wagte es nicht, die Stille zu durchbrechen, die entstand, als der alte Mann tief einatmete.

»Ich weiß nicht«, hub er an, »wie die Leute auf den Gedanken gekommen sind, ich sei einst ein reicher Kaufmann gewesen. In Wirklichkeit war ich ein Köhler, und mein Meiler stand im Wald nahe Eschweiler. Es waren entbehrungsreiche Jahre damals, die Winter waren hart und oft genug hielt der Hunger Einzug in unserer Hütte.« Seine Augen verloren sich in der Ferne. »In einem dieser harten Winter starb meine Frau – die Schwindsucht raffte sie dahin. Da wir keine Kinder hatten, war ich fortan auf mich alleine gestellt.«

»Und Ihr habt nie wieder geheiratet?«, fragte das Mädchen.

»Köhler leben recht einsam, mein Kind. Aber vielleicht hätte ich eines Tages eine neue Frau gefunden, wenn nicht alles ganz anders gekommen wäre.«

»Was geschah also?«, drängte es das Mädchen zu wissen.

»An einem wunderschönen Tag im Frühling – es war ein Tag wie heute – begegnete mir im Wald ein kleiner Mann mit einem struppigen Bart.«

»Ihr meint einen Zwerg?«

»Ja, vielleicht könnte man ihn auch als Zwerg bezeichnen, denn er reichte mir kaum bis zur Brust. Ich erwiderte seinen freundlichen Gruß, doch als ich meinen Weg fortsetzen wollte, hielt er mich fest und flüsterte mir etwas zu.«

»Ein richtiger Zwerg«, ereiferte sich das Mädchen. »Was flüsterte er Euch?«

»Etwas sehr Merkwürdiges. ›Wenn dein Meiler erloschen ist‹, sagte er, ›dann warte die nächste Vollmondnacht ab und grabe unter deinem Meiler. Dort wirst du einen Schatz finden.‹«

Dem Mädchen stand der Mund weit offen. »Und? Habt Ihr getan, was er Euch gesagt hat?«

»Zunächst hielt ich die Worte des kleinen Mannes für dummes Geschwätz. Kurze Zeit später erlosch mein Meiler jedoch tatsächlich, und schon plagte mich der Vorwitz. Als der Mond sein volles Rund erreicht hatte, trat ich mit Hacke und Spaten in die helle Nacht hinaus.«

»Ihr grubet und fandet den Schatz! So war es doch, nicht wahr?«

»Ja, mein Kind, so war es. Ich fand den Schatz: Gold, Diamanten, Edelsteine – und alles befand sich in einem Sarg.«

»Wie in einem Märchen«, schwärmte das Mädchen, bevor es abrupt innehielt. »In einem Sarg, sagtet Ihr?«

»Ja, in einem uralten steinernen Sarg, zwischen bleichem Totengebein.«

»Wer war der Tote?«

»Vermutlich ein heidnischer Fürst, der schon vor undenklich langer Zeit gestorben war. Deshalb zögerte ich auch keinen Augenblick, den Schatz an mich zu nehmen. All meine Not sollte nun endlich ein Ende haben. Ich beschloss, fortan zu leben wie eine Made im Speck.«

»Da Ihr aber heute ein armer Klausner seid, muss alles ganz anders gekommen sein.«

»Wie Recht du hast, meine scharfsinnige Freundin. Nachdem ich den Schatz in meine Hütte gebracht hatte, wurde ich krank. Tagelang lag ich fiebernd auf meinem Lager und rang mit dem Tod. Doch unser Herrgott entschied in seiner Güte, mich wieder gesunden zu lassen. Da ich befürchtete, meine Krankheit könne auf irgendeine Weise mit dem gehobenen Schatz zusammenhängen, brachte ich ihn nach Münstereifel, um ihn dort vorläufig einem Goldschmied in Verwahrung zu geben. Trotzdem brach das Fieber wieder aus, und abermals musste ich das Bett hüten. Zweifel nagten an mir. War es rechtens gewesen, den Schatz an mich zu nehmen? Hatte nicht selbst ein Heide das Recht auf seine Totenruhe? Indes, ich hatte den Frevel begangen und konnte ihn nicht mehr ungeschehen machen. Ich betete zu Gott, mir einen Weg der Sühne zu zeigen, und schon bald träumte ich von einer Kapelle auf dem Michelsberg. Als ich am Morgen schweißgebadet erwachte, beschloss ich,

die Kapelle mit den Mitteln meines Schatzes errichten zu lassen und nicht einen einzigen Heller davon zu behalten. Ich selbst, so schwor ich, wollte fortan nur noch im Dienst unseres Herrgotts und der Menschen stehen, die zu dem Gotteshaus pilgerten. Augenblicklich wich das Fieber aus meinem Körper.«

»Glaubt Ihr, dass auch der Heide die Herrlichkeit Gottes schauen darf?«, fragte das Mädchen, nachdem es eine Weile lang ergriffen geschwiegen hatte.

»Bestimmt«, sagte der alte Klausner. »Immerhin war es sein Vermögen, das den Bau der Kapelle ermöglichte.«

»Und der Zwerg«, fuhr das Mädchen fragelustig fort, »glaubt Ihr, dass er vom Teufel geschickt war, um Euch ins Verderben zu führen? Oder war er vielmehr ein himmlischer Bote, der nur Gutes bewirken wollte?«

»Ich weiß es nicht«, erwiderte der Klausner nachdenklich, »aber wenn es in seiner Absicht lag, mich zu verderben, dann ist es ihm gründlich misslungen. Ich bin alt und glücklich, längst habe ich all meine Sünden bereut und hoffe, keine großen neuen mehr zu begehen. Wenn ich bald vor meinen Schöpfer treten muss, so tue ich es mit ruhigem Gewissen. Und wenn du, mein Kind, nach meinem Tod für mich beten willst, dann kann mir eigentlich nichts mehr passieren.«

»Das werde ich tun«, versicherte ihm das Mädchen mit glänzenden Augen, »aber bitte, bleibt noch ein wenig auf dieser Welt, ja?«

»Ich kann dir nichts versprechen, mein Kind«, erwiderte der Klausner gerührt, »doch ich werde mir Mühe geben.«

Der letzte Graf von Are

(Altenahr)

Ich bin der letzte meines Geschlechts, und wenn heute Abend die Sonne hinter den Hügeln versinkt, wird es keinen Grafen von Are mehr geben. Die Belagerer werden die Burg erstürmen, doch sie werden nichts mehr finden außer Gräbern. Alle sind gestorben, elendiglich verhungert oder von Seuchen dahingerafft: Meine Ritter und Knappen, die Mägde und Knechte und – meine Töchter!

Wie gerne würde ich ein paar Tränen vergießen und ihren Tod beweinen, aber es will mir nicht gelingen. Zu ausgezehrt ist mein alter Leib von den Strapazen der vergangenen Wochen und Monate. Der Allmächtige alleine weiß, warum ich als einziger noch lebe. Nein, das Weinen will mir nicht gelingen, weil Tränen keinen Sinn ergeben. Schon bald nämlich, davon bin ich überzeugt, werde ich meine Töchter, meine Gefährten und all die Menschen wiedersehen, die mir einst etwas bedeuteten. Nicht mehr lange wird es dauern, und ich werde meine liebe Gemahlin treffen, die mir vor vielen Jahren in den Tod vorausging. Im Paradies werden wir wieder vereint sein – sie, ich und unsere prachtvollen Töchter, die lieber in den Tod gingen, als die Gemahlinnen von Raubgesellen zu werden.

Alles begann damit, dass eines Tages zwei Edelknechte in den Burghof einritten. Ich empfing sie mit der gebührenden Höflichkeit und nahm die Schriftrollen entgegen, die sie mir reichten, glaubte jedoch, meinen Augen nicht zu trauen, als ich deren Inhalt las. Zwei der berüchtigsten Raubritter der Umgebung hielten um die Hände meiner Töchter an.

Meine liebsten Töchter in die Hände mörderischer Gesellen geben? Gerne hätte ich die beiden Boten wie räudige Hunde von der Burg verjagt, beschloss aber, der Form Genüge zu tun und meinen Töchtern die Heiratsanträge vorzulegen, wohl wissend, dass sie mit einer solch unehrenhaften Verbindung niemals einverstanden sein würden.

Sie enttäuschten mich nicht. Eher, so ließen sie mich wissen, würden sie finstere Kerkerhaft erdulden als einen Ehebund mit diesen Männern eingehen.

Ich zerriss die Briefe und ließ die Fetzen den Boten aushändigen, als eindeutige Antwort auf die Anfragen der Räuber. Umgehend verließen sie meine Burg. Ich wusste, in Kürze würden sie wiederkehren – mit den Fehdebriefen ihrer Herren.

So geschah es. Schon bald belagerten feindliche Heerhaufen meine Feste. Längst hatte ich meine Mannen zum Kampf um mich versammelt. Ich stellte ihnen frei, sich dem Feind zu ergeben – was konnten die tapferen Recken schließlich dafür, dass meine stolzen Töchter die Anträge ihrer Freier zurückgewiesen hatten? Zu meiner Freude jedoch hielten mir die Männer die Treue und wiesen mein Angebot empört zurück. »Lieber den Tod, Herr!«, rief einer meiner Knappen leidenschaftlich. Am nächsten Tag starb er bei einem Ausfallversuch, den wir wagten. Er war der ersten Toten dieser unseligen Fehde, und noch viele weitere sollten folgen.

Gegen die Übermacht der Feinde waren wir machtlos. Jeder Ausfall wurde erbarmungslos zurückgeschlagen. Was blieb uns übrig, als uns in die Mauern der Burg zurückzuziehen und auf ein Wunder zu hoffen?

Monate vergingen, doch das Wunder blieb aus. Pferde, Hunde und Katzen mussten geschlachtet werden, da die Vorräte schwanden. Krankheiten breiteten sich aus. Täglich gab es Tote zu beklagen, und die Geduld der Belagerer schien unerschöpflich zu sein. Allmählich schwand unser Kampfesmut.

Als man mir die Nachricht vom Tod meiner Töchter überbrachte, wich der letzte Funke Lebenswille aus mir. Sie waren verhungert, weil sie ihre Essensrationen verschenkt hatten – der Gedanke, dass andere für sie leiden mussten, war ihnen unerträglich gewesen.

Auch ich verweigerte fortan jegliche Nahrung. Doch Schnitter Tod hat es offenbar nicht eilig mit mir. Noch immer schlägt mein altes, verbittertes Herz. Freilich ist es an der Zeit, dem Schnitter unter die Arme zu greifen.

Tagaus, tagein verbrachte ich an den Gräbern der Töchter. Heute Morgen ist auch der letzte meiner Gefährten zu Gott heimgegangen. Nun bin ich alleine. Schon bald werden meine Feinde gemerkt haben, dass auf den Wehrgängen der Burg keine Verteidiger mehr stehen. Dann werden sie kommen. Doch sie werden mich nicht mehr hier antreffen. Längst habe ich einen Entschluss gefasst.

Eben hörte ich ein Wiehern. Zunächst glaubte ich, der Feind sei bereits eingedrungen, doch dann stellte ich fest, dass mein Leibross – zwar abgemagert bis auf die Knochen, aber immerhin lebend – immer noch im Stall stand. Ein letztes Mal gelang mir ein Lächeln: Meine treuen Gefährten haben das edle Pferd vor dem Schlachtermesser bewahrt, als letzten Liebesdienst an mich. Vielleicht ahnten sie ja voraus, was ich nun zu tun gedenke. Meine letzte Reise muss ich nicht alleine antreten.

Frei habe ich gelebt, frei werde ich sterben. Ich will in die Rüstkammer gehen und mir meinen besten Panzer anlegen. Dann werde ich mein Ross satteln und kampfgerüstet auf dem Burgwall erscheinen. Vor den Augen meiner ehrlosen Feinde will ich mich mitsamt meinem Ross in die Tiefe stürzen.

Schon bald werde ich sie wiedersehen – meine Töchter, meine Gemahlin, meine Gefährten ...

Zeichen aus dem Jenseits

(Nürburg)

Als die beiden Reiter in den Burghof ritten, sahen sie sich sogleich von dienstbeflissenen Burschen umgeben, die sich ihrer Pferde annahmen. Konrad von Hochstaden, Domherr zu Köln und Kandidat für den Stuhl des Erzbischofs, übergab den Zügel einem der Pferdeknechte und sah sich um. Düster reckten sich die Türme der Nürburg in den wolkengrauen Himmel.

»Herr, gut, dass Ihr gekommen seid!«, rief der herbeieilende Vogt, dem man die Ankunft des hohen Gastes rasch angetragen hatte. Er verneigte sich vor Konrad, bedachte dessen Diener mit einem Nicken und kam sogleich zur Sache. »Herr, Euer Bruder ... Er wird den Tag nicht mehr überleben!«

»So bin ich wenigstens noch rechtzeitig eingetroffen«, sagte Konrad leise.

»Wollt Ihr zuerst eine kleine Stärkung zu Euch nehmen, Herr?«

»Versorgt meinen Diener Leo mit Speis und Trank. Mich aber führt unverzüglich zu meinem Bruder. Lasst uns keine Zeit mehr verlieren.«

Der Sterbende versuchte sich aufzurichten, als er den Eintretenden erkannte, doch Konrad drückte ihn sanft in die Kissen zurück.

»Ulrich! Es ist nicht gut, wenn du dich anstrengst!«

»Bruder! Ich habe gebetet, dass ich dich noch sehe, bevor der Herr mich heimholt.«

Konrad von Hochstaden setzte sich auf den bereitgestellten Sessel neben dem Krankenbett und ergriff die Hand des Bruders. Ulrich war bleich, die Wangen eingefallen, und über seinen fiebrig glänzenden Augen lag bereits der dunkle Schatten des Todes.

»Konrad«, sprach der Sterbende mühsam, »im Leben standen wir nie sehr nah beieinander. Manchen Zwist haben wir gehabt und niemals beendet. Bevor ich sterbe, möchte ich mich mit dir versöhnen.«

»Sorge dich nicht«, erwiderte Konrad tröstend, »du bist mein Bruder, und es tut mir leid, dass wir uns nie die Hand reichten. Aber es ist noch nicht zu spät. So, wie du mir meine Sturheit vergibst, so vergebe ich dir die deine von ganzem Herzen.«

Ulrich seufzte schwer, doch es war ein Laut der Erleichterung. »Gut so. Nun braucht der Schnitter Tod nicht länger auf mich warten. Jetzt bin ich bereit, in die Ewigkeit einzuziehen.«

»Aber, Bruder ...« Konrad von Hochstaden sah ihn eindringlich an. »Willst du denn nicht die Beichte vor mir ablegen? Zwar bist du nun im Reinen mit dem Bruder, doch was ist mit den anderen Sünden, die du im Laufe deines Lebens begangen hast? Hast du nicht die Freuden des Lebens im Übermaß genossen, und bist du nicht auch Kriegsmann gewesen? Wer kann schon wissen, ob der Herrgott mit allem, was du getan hast, zufrieden war.«

»Du willst mir die Beichte abnehmen?« Ulrich gelang ein schwaches Lächeln. »Das wird nicht nötig sein, Bruder. Ich vertraue auf die Gnade Gottes. Meine Fehler und lässlichen Sünden wird Er mir schon verzeihen.«

»Dennoch solltest du dein Ende fürchten!«

»Das tue ich, Bruder!«

»Wie kannst du sterben, ohne von deinen Sünden losgesprochen worden zu sein?«

»Ich sehe, du machst dir große Sorgen um meine Seele.«

»Natürlich. Ich bin nicht nur dein Bruder, sondern auch Seelsorger.«

»Und eines Tages wirst du sogar Bischof sein. Nun, damit du dich nicht um mich sorgst, will ich dir aus dem Jenseits ein Zeichen geben. Lass meinen Schild dort an den Pflock über mein Lager hängen. Fällt er innerhalb von drei Tagen ohne menschliches Zutun herab, so habe ich Gnade gefunden.«

»Bleibt er aber hängen, so bist du verdammt worden«, sagte Konrad schaudernd. »Bruder, drei Tage will ich nach deinem Tod noch auf der Nürburg bleiben und für dich beten!«

*

»Herr?«

Leo, Konrads junger Leibdiener, nutzte die Gunst des Augenblicks. Sein Herr hatte sein ewig währendes Gebet soeben unterbrochen, um einen Schluck Wasser zu trinken.

»Gestattet mir eine Frage!«

»Nur zu, Leo.«

»Seit fast drei Tagen sitzen wir nun in diesem Raum und beten. Euer Herr Bruder wurde längst beigesetzt. Weshalb machen wir uns nicht auf den Heimweg? Könnten wir nicht auch in Köln für Euren Herrn Bruder beten?«

Konrad lächelte nachsichtig über die Keckheit des Dieners. »Ich warte auf ein Zeichen, Leo«, erklärte er ernst.

»Ein Zeichen? Was denn für ein Zeichen, Herr?«

»Du wirst es bald schon selbst erleben – oder auch nicht. Komm, lass uns weiter beten, dass wir Zeugen dieses Zeichens sein dürfen.«

Leo verstand überhaupt nichts mehr, aber er gehorchte. Was blieb ihm auch anderes übrig? Nachdenklich betrachtete er seinen Herrn, der wieder vor dem Bett des verstorbenen Bruders kniete und unentwegt auf den Schild an der Wand starrte. Als er sah, wie seinen Herrn allmählich der Schlaf übermannte, gab auch Leo sich seiner Müdigkeit hin und nickte ein.

Ein ohrenbetäubendes Geräusch ließ Leo aus dem Schlaf fahren. Er sprang hoch, und sein erster Blick galt dem Herrn, der sich stöhnend den Kopf rieb. Auf dem Bett lag der Schild des Nürburgers.

»Leo, was hast du getan?«, brummte der Domherr schlaftrunken.

»Ich? Herr, ich schwöre, dass ich mich nicht von der Stelle gerührt habe. Genau hier habe ich gesessen und … äh … gebetet!«

Konrad begann zu begreifen. Schmerz und Müdigkeit waren plötzlich wie weggefegt. »Du hast den Schild nicht berührt?«, fragte er nachdrücklich.

»Warum sollte ich das wohl tun, Herr, und Euch zudem eins damit auf den Kopf geben?«

Konrad kniete nieder, breitete die Arme aus und schaute dankbar nach oben. »So hast du also Gnade gefunden, mein lieber Bruder. Der Herr sei gelobt!«

»Der Herr sei gelobt«, wiederholte Leo, der zwar immer noch nichts begriff, nun aber guten Mutes war, dass man sich endlich auf den Heimweg machen würde. Konrad schien die Gedanken seines Leibdieners zu erahnen.

»Geh, und sattle die Pferde, Leo. Ich habe das Zeichen erhalten, nach dem ich mich sehnte.«

Das Schloss im See

(Laacher See)

Der Mann, der die Kapelle betrat und sich suchend umsah, trug einen vornehmen Umhang aus Hermelinfell.

»He, du!« Er winkte einen Ministranten herbei, der die Dochte der Kerzen vor dem Altar zurückschnitt. »Geh, und hol mir den Priester! Sag ihm, dass ich beichten möchte!«

Dem Jungen verschlug es beinahe den Atem.

»Was guckst du wie ein dummes Schaf?«, bellte der Ankömmling. »Mach schon, ich habe nicht den ganzen Tag Zeit!«

»Sofort, Herr Graf«, erwiderte der Junge nun aufgeregt und verschwand mit flinken Schritten in die Sakristei.

»Ihr werdet nicht glauben, wer da gerade in die Kapelle getreten ist«, flüsterte der Junge atemlos.

»Deinem Gesicht nach zu urteilen, Heiner, kann es sich nur um den Teufel selbst handeln«, meinte der alte Priester.

»Viel schlimmer, Hochwürden! Es ist der Graf!«

Überrascht sah der Geistliche seinem Ministranten in die Augen. »Der Graf? Bist du dir da sicher? Er ist lange krank gewesen. Der Tod habe bereits vor seiner Tür gestanden, hieß es.«

»Doch nun ist er so munter wie ein Fisch im Wasser, versichere ich Euch. Er möchte, dass Ihr ihm die Beichte abnehmt.«

»Tatsächlich? So geschehen also noch Zeichen und Wunder. Sollten die schweren Sünden, die er begangen hat, ihn auf dem Krankenbett gereut haben?«

»Vor allem solltet Ihr ihn nicht lange warten lassen, Hochwürden. Er schien mir äußerst ungeduldig zu sein.«

»Nun gut, wenn er es so eilig hat, mir seine Sünden zu beichten, dann will ich ihn rasch von seinen Seelenqualen erlösen.«

»Ich bezweifle, dass dies schnell geschehen kann«, meinte Heiner seufzend. »Wenn er wirklich all seine Schandtaten vor Euch ausbreiten möchte, dann dürftet Ihr morgen noch mit ihm im Beichtstuhl sitzen.«

Der Alte lächelte, hob aber mahnend einen Finger. »Schweig, vorlauter Bengel. Jeder Mensch hat ein Recht auf Vergebung. Und dass du mir bloß nicht auf die Idee kommst, vor dem Beichtstuhl zu lauschen. Dann sollst du mich kennenlernen.«

Heiner war hin- und hergerissen. Die Mahnung des alten Priesters klang immer noch in seinen Ohren. Andererseits war dies eine einmalige Gelegenheit herauszufinden, ob der Graf tatsächlich all die Schandtaten begangen hatte, die man ihm anlastete. War sein Schloss, auf einer Insel inmitten des Laacher Sees, wirklich der gottlose Ort der Sünde, als den man ihn allerorten bezeichnete? Stimmte es, dass der Graf dort Bauern foltern, verstümmeln und einsperren ließ, nur weil sie den hohen Zins, den er ihnen abpresste, nicht aufbringen konnten? Entsprachen die grausigen Geschichten über zu Tode gehetzte Jagdtreiber der Wahrheit?

Die Zahl der Verbrechen, die man dem Grafen anlastete, war unermesslich und die Neugier, die Heiner erfüllte, grenzenlos.

Auf leisen Sohlen verließ er die Sakristei und schlich zum Beichtstuhl, die mahnende Stimme seines Gewissens überhörend.

Schon bald war Heiner gänzlich im Bilde. Mit atemloser Spannung lauschte er den Worten des Sünders. Der alte Priester hatte mit seiner Vermutung durchaus richtiggelegen: Allein der nahende Tod, dem er noch einmal von der Schippe gesprungen war, hatte den Grafen dazu bewogen, über sein bisheriges Leben nachzudenken. Und die Übeltaten, die er beichtete, übertrafen jedwede Befürchtung. Heiner konnte die Betroffenheit des Priesters regelrecht spüren.

»So, und jetzt sprecht mich von meinen Sünden frei!«, hörte Heiner den Grafen schließlich sprechen. »Ich habe gebeichtet und möchte bereuen.«

»So soll es sein, mein Sohn«, erwiderte der Priester mit belegter Stimme, »doch bevor ich Euch lossspreche, will ich

Euch eine Buße auferlegen. Im Büßergewand sollt Ihr am Sonntag vor der Kirche knien, während die Gemeinde für Eure Seele betet.«

»Im Büßergewand?«, fuhr der Graf auf. »Seid Ihr noch bei Sinnen? Soll das Bauernpack sich etwa über mich lustig machen?«

»Die Schwere Eurer Sünden erfordert Demut, wenn Ihr Gottes Vergebung erlangen wollt.«

Des Grafen jähzornige Stimme schallte nun wie ein Donnergrollen durch die Kirche.

»Wen, glaubt Ihr, habt Ihr eigentlich vor Euch?«

»Mein Sohn, kommt wieder zur Besinnung. Vergebung erlangt man nicht umsonst, die Reue muss aus Eurem Herzen kommen!«

»Nicht umsonst? Ich will Euch zeigen, was Ihr von mir umsonst bekommen könnt!«

Heiner hielt den Atem an. Er hörte das Zischen des Dolches, der aus seiner Scheide fuhr. Dann ein Röcheln.

»Das ist für dich, du hochmütiger Pfaffe!«, schrie der Graf. »Völlig umsonst!«

Geistesgegenwärtig verließ Heiner seinen Horchposten, um hinter einer Säule Schutz zu suchen, wo er regungslos stehen blieb. Das Herz klopfte ihm bis zum Hals. Er hörte, wie der Graf den Beichtstuhl polternd verließ. Einen Moment lang fürchtete Heiner, der Mörder halte suchend nach ihm Ausschau, doch dann entfernte er sich mit stapfenden Schritten aus der Kirche, wobei er gotteslästerlich vor sich hin fluchte. Rasch stürmte Heiner nun aus seinem Versteck hervor, um nach dem alten Priester zu schauen.

Dieser saß sterbend im Beichtgestühl. Blut durchtränkte sein schwarzes Priestergewand.

»Hochwürden!«, schrie Heiner verzweifelt.

»Bete für mich, mein Junge«, hauchte der Alte. »Und auch für den Grafen. Der Arme wird Gebete schon bald bitter nötig haben ...« Er machte einen letzten Atemzug und sank leblos in sich zusammen.

Dicke Tränen rollten über Heiners Wangen. »Oh ja, ich will für Euch beten, solange ich lebe«, versicherte er dem

Toten. »Aber für den Grafen?« Seine Verzweiflung wandelte sich in heillose Wut. »Nie soll auch nur ein Wort der Fürbitte über meine Lippen kommen. Auf ewig soll dieses Schwein in der Hölle braten, gequält von tausend Teufeln!«

Seine Wut wurde zur Rage. Von seiner Angst war nichts mehr geblieben. Hasserfüllt rannte er nach draußen, um die Verfolgung des Mörders aufzunehmen.

Dunkle Wolken waren aufgezogen. Blitze zuckten am Himmel. Grimmig hielt der Junge Ausschau nach dem Grafen und erblickte ihn in der Ferne: Er hatte das Ufer des Sees bereits erreicht und stieg in seinen Nachen, um zu seinem Schloss hinüberzurudern.

»Mörder!«, brüllte Heiner und begann zu rennen wie noch nie in seinem Leben. »Ich habe alles mit angesehen. Dafür werdet Ihr hängen, wie Ihr es längst verdient habt!«

Grollender Donner übertönte seine Worte. Urplötzlich öffnete der Himmel seine Schleusen. Als Heiner das Ufer erreichte, hatte der Graf längst abgelegt. Noch einmal schrie Heiner ihm Verwünschungen nach, bevor er, erschöpft von seiner unbändigen Wut, zusammenbrach.

Als er nach Stunden erwachte, hatte das Dunkel sich gelichtet. Am Himmel glänzte eine wärmende Sonne. Vögel zwitscherten munter in den Wipfeln der Bäume, als habe das Unwetter niemals stattgefunden.

Heiner rieb sich die Augen und richtete sich auf. Die nasse Kleidung, die an seinem Körper klebte, machte ihm eindringlich bewusst, dass er nicht geträumt hatte. Alles war bittere Wirklichkeit gewesen: der Mord an dem alten Priester, die Verfolgung des Grafen, der hereinbrechende Sturm!

Mit neuem Grimm ließ er seinen Blick über den See schweifen – und erstarrte ungläubig. Von der Insel, dem Schloss und dem Nachen des flüchtigen Unholdes war nichts mehr zu sehen.

Koblenzer Konflikte

(Koblenz, Ehrenburg)

Der Knappe deutete auf das Gasthaus an der Moselbrücke. »Im Stern« war auf einem Schild über der Eingangstür in großen Lettern zu lesen.

»Da sind wir, Herr! Dort habe ich noch eine Kammer für uns finden können. Es war nicht einfach, das kann ich Euch versichern. Während der Faschingstage ist in Koblenz wahrlich der Teufel los.«

»Gut gemacht.« Walter, der Stiefsohn des Ritters Friedrich von Ehrenburg, nickte zufrieden. Als sie durch das Tor der Herberge ritten, erschallte eine laute Stimme über den Hof.

»Besonders groß ist Euer Gefolge ja nicht gerade, Herr Ritter!«

Die beiden Reiter verharrten und erblickten den Spötter, der an einem der Fenster stand und hämisch grinste. In seinem Arm hielt er ein Mädchen.

»Herr«, flüsterte der Knappe, »ich flehe Euch an, behaltet ruhig Blut. Das ist der junge Graf von Isenburg-Budingen, der den Ruf hat, einem Händel niemals abgeneigt zu sein. Aber Ihr wisst, was Ihr Eurem Vater versprochen habt.«

»Sei unbesorgt«, erwiderte Walter. »Ich werde mich auf keinen Streit einlassen. Wir wollen hier nur ein paar unbeschwerte Faschingstage verbringen, mehr nicht. Es ist mir keinesfalls daran gelegen, dass die Koblenzer mich als den Sohn des Ritters von Ehrenburg erkennen.«

Ohne den Zankhahn weiter zu beachten, übergaben sie ihre Pferde einem Stallknecht und ließen sich in ihr Quartier führen.

*

Vom Fenster aus beobachteten sie das lustige Faschingstreiben auf der Brücke und waren so sehr darin vertieft, dass sie gar nicht merkten, wie jemand leise in ihre Kammer trat. Erst ein leises Räuspern ließ Walter und seinen Knappen herumfahren. Erstaunt blickten sie in das Gesicht des Mädchens, das sie zuvor neben dem Isenburger hatten stehen sehen.

»Verzeiht mir, Herr, dass ich einfach in Eure Kammer trete«, sagte sie schüchtern, »aber ich musste einfach kommen, um Euch zu warnen. Ihr seid doch der Stiefsohn des Ritters von Ehrenburg, nicht wahr?«

Walter schluckte unbehaglich. »Ja, der bin ich, mein edles Fräulein. Wenn ich auch zugeben muss, dass es mir alles andere als Recht ist, erkannt worden zu sein.«

»Oh, nennt mich nicht edles Fräulein, Herr, ich bin doch nur die Leibeigene des Grafen. Und er war es auch, der Euch erkannte. Er erzählte mir, dass Ehrenburger und Koblenzer seit vielen Jahren im Streit miteinander liegen. Nun ist er zum Rathaus geeilt, um Euch dort anzuzeigen.«

»Verdammt«, entfuhr es Walters Knappen, »dann werden sie bald hier sein, um uns in den Kerker zu werfen. Herr, lasst uns rasch von hier verschwinden!«

Nachdenklich stützte Walter sein Kinn und beschloss, den Rat des aufgeregten Knappen zu befolgen. »Also gut«, sagte er, »pack unsere Sachen zusammen und dann nichts wie weg von hier.« Sein Blick suchte den des Mädchens, und er merkte erstaunt, dass sein Herz schneller schlug. Dies hatte noch kein weibliches Wesen fertiggebracht; allenfalls Waffen oder edle Pferde waren bislang dazu imstande gewesen. »Aber was ist mit Euch?«, fragte er besorgt. »Wenn Euer Herr merkt, dass Ihr mich gewarnt habt, wird es Euch übel ergehen.«

»Um mich macht Euch keine Gedanken, Herr.«

»Und ob ich mir Sorgen mache, hübsches Kind. Ihr solltet mit mir kommen, zur Ehrenburg.«

»Nichts da!«, schrie der junge Graf von Isenburg, der in diesem Augenblick in die Kammer stürmte. In seinen Händen blitzte ein Schwert.

»Was hast du bei diesem Bastard zu suchen?«, brüllte er das verängstigte Mädchen an. Walter trat ihm breitbeinig entgegen. Schnell hatte er sich von seinem Knappen ein Schwert reichen lassen.

»Nun haltet mal schön die Luft an, Herr Graf. Und was den Bastard angeht, so wollen wir demnächst noch einmal ausführlich darüber sprechen. Jetzt aber macht Platz, Verräter, der Ihr seid.«

Statt einer Antwort holte der Isenburger mit dem Schwert aus. Walter parierte den Schlag mühelos und hatte den Gegner schon bald am Boden. Von draußen her hörte man lautes Stimmengewirr.

»Herr!«, rief der Knappe, der erregt aus dem Fenster blickte »Der halbe Stadtrat ist im Anmarsch. Und mindestens zwei Dutzend Stadtknechte, bewaffnet mit Piken und Schwertern!«

»Komm mit mir, Mädchen!« Walter wollte nach ihrer Hand greifen, um sie mit sich fortzuführen. Der Graf aber, der sich inzwischen wieder aufgerappelt hatte, vereitelte dieses Vorhaben, indem er mit neuer Kampfbereitschaft zwischen die beiden trat.

»Wir müssen fort«, beschwor der Knappe seinen Herrn. »Rasch, zu den Pferden!«

Walter sah ein, dass sie keine Zeit mehr zu verlieren hatten, wenn sie den Koblenzern nicht in die Hände fallen wollten. Fluchend folgte er seinem Knappen.

*

»Ich hab's doch gleich gewusst«, wütete der Burgherr und stapfte mit hinter dem Rücken verschränkten Händen vor dem Stiefsohn auf und ab. Sein bärtiges Kinn zitterte erbost. Walter betrachtete beschämt den Fußboden und ließ das Donnerwetter über sich ergehen. »Ich hab's doch gleich gewusst, dass es nur Ärger geben kann, wenn du zum Fasching nach Koblenz reitest. Aber mein vergnügungssüchtiger Herr Sohn wusste es ja besser. Das haben wir nun davon. Die Koblenzer werden nun behaupten, wir hätten den Stadtfrieden gebrochen. Mit einem ganzen Heer werden sie vor unserer Burg auftauchen.«

»Aber du musst doch einsehen, dass ich mich gegen diesen verräterischen Grafen zur Wehr setzen musste«, warf Walter zaghaft ein.

Der Ehrenburger, dem ein eigener Sohn versagt geblieben war und dem der Stiefsohn alles bedeutete, brummte noch eine Weile vor sich hin, bevor er zu seiner ihm eigenen Gelassenheit zurückfand. »Wohlan, so sei es also. Wir werden dem Angriff der Pfahlbürger jedenfalls zuvorkommen. Sie werden unsere Zinnen besetzt finden, und wir werden ihnen einen heißen Empfang bereiten.«

»Und dann?«, fragte Walter leise. »Wenn sie wieder abgezogen sind und unsere Felder verwüstet haben, was dann?«

Der Vater blinzelte ihn verständnislos an. »Dann? Was soll dann wohl sein? Dann haben wir wieder unsere Ruhe – vorläufig zumindest.«

»Willst du den unverschämten Pfahlbürgern nicht einmal einen Denkzettel verpassen, den sie niemals mehr vergessen werden?«

»Du meinst, wir sollen die Stadt überfallen?«

»Warum nicht? Damit würden sie doch niemals rechnen. Gefolgsleute hast du schließlich genug.«

Der Vater musterte ihn nachdenklich. »Sei ehrlich, mein Junge. Was treibt dich zurück in die Stadt? Ist es ein Mädchen?«

Zögerlich nickte Walter. Niemals hätte er es gewagt, den Vater zu belügen. Der Ehrenburger begann schallend zu lachen und schlug dem Sohn vergnügt auf die Schulter. »Na schön«, sagte er gönnerhaft, »machen wir es so, wie du vorgeschlagen hast. Die Koblenzer haben schon lange eine gehörige Abreibung verdient. Und ich bin sehr gespannt zu erfahren, welcher Engel es fertiggebracht hat, meinem Sohn den Kopf zu verdrehen.«

Genoveva

(Mayen)

Ach, ließe sich das Rad der Zeit doch zurückdrehen. Einmal nur. Sechs lange Jahre sind es, die ich umsonst gelebt habe. Die ich streichen würde aus meinem Leben, wenn ich es nur könnte. Doch die Vergangenheit ist unerschütterlich. Bis zum Tage meines Todes werde ich mit den Qualen meiner Seele leben müssen. Gewiss, Genoveva hat mir verziehen. Und ihre Verzeihung war aufrichtig. Aber ich selbst werde mir wohl niemals verzeihen.

Ich erinnere mich noch genau an den Tag unserer Hochzeit. Noch immer glaube ich der Frühlingsblüten Duft zu riechen, der damals süß in der Luft hing und unsere Sinne erfreute, obwohl es dessen nicht bedurft hätte. Denn Freude erfüllte unsere Herzen ohnehin. Wir waren glücklich wie zwei Kinder, denen man einen lang gehegten Wunsch erfüllt. Genoveva, Tochter des Herzogs von Brabant, war die schönste Frau, die mir jemals begegnet ist. Schon als ich sie zum ersten Mal sah, war ich ihr mit Haut und Haaren verfallen. Sie wurde meine Braut und ich durfte sie heimführen, als Pfalzgräfin nach Burg Hochsimmern. Ich liebte sie und sie liebte mich. Umso unverzeihlicher mag die unselige Verfehlung, ja die Sünde sein, die ich bald begehen sollte.

Doch zunächst einmal waren wir glücklich, wenn auch nur für kurze Zeit. Schnell flogen meiner Gemahlin die Herzen der Menschen zu. Niemals habe ich solchen Stolz empfunden. Genoveva war das lieblichste Geschöpf unter Gottes Himmel. Und sie war mein. Es hat Augenblicke gegeben, wo ich mein Glück kaum zu fassen vermochte. Ach, wie sehr schmerzt es mich, darüber zu reden. Und doch, ich muss es tun. Denn nur wenn ich rede, werden die Geister der Vergangenheit eines Tages verschwinden – vielleicht. Dies zumindest behauptet der Priester, dem ich neulich gebeichtet habe. Ob er Recht hat? Ich kann es mir nicht vorstellen. Auch wenn Gottes Güte unermesslich ist, so werden die finsteren Träume, die nicht nur nachts in meinem Kopf wüten, mich wohl bis an mein Lebensende begleiten.

Das Ende unseres Glückes kam schon bald in der Gestalt eines Boten. Der König und sein Hausmeier riefen zum Heerzug gegen die Heiden auf, die an den Grenzen des Reiches eingebrochen waren und Tod und Verwüstung brachten. Was blieb mir übrig, als dem Ruf Folge zu leisten und mit den Rittern meines Gaus aufzubrechen, um unsere Christenpflicht zu erfüllen.

Bei unserem Abschied weinte Genoveva bitterlich, und auch mir gelang es kaum, die Tränen zurückzuhalten. Eine halbe Ewigkeit hielt ich sie tröstend in meinen Armen, bevor ich schließlich auf mein Pferd stieg, um mit den wartenden Männern aufzubrechen. Ich vermied es, einen Blick zurückzuwerfen. Es hätte mir das Herz zerbrochen.

Tröstlich war mir damals nur der Gedanke, dass mein Vertrauter Golo zurückblieb, um die Ordnung in meiner Grafschaft aufrecht zu erhalten. Zudem hatte ich ihm, Fluch über mich, die Obhut meiner jungen Gemahlin anvertraut.

Unser Kampf gegen die Heiden war hart und verlustreich. Viele Monate strichen ins Land, bevor die Gefahr endlich gebannt war. Meere von Blut mussten vergossen werden, doch ich mag nicht von den Heldentaten sprechen, die vollbracht wurden, um unsere Welt vor der Herrschaft der Ungläubigen zu bewahren. Als des Königs Heerführer uns schließlich in die Heimat entließ, sprengte ich los, getrieben von maßloser Sehnsucht: Ich konnte es kaum erwarten, meine geliebte Genoveva endlich wieder in die Arme zu schließen.

Vor dem Burgtor stand Golo, und sein Blick verhieß nichts Gutes.

»Golo, warum zieht Ihr ein Gesicht, als stehe der Weltuntergang unmittelbar bevor?«, begrüßte ich meinen Stellvertreter. Unbehagen erfüllte mich. Er half mir aus dem Sattel.

»Mein Graf, während Eurer Abwesenheit sind Dinge geschehen, die ich Euch bei meinem Treueschwur nicht verschweigen kann.«

»Das sollt Ihr auch nicht. Aber hat das nicht Zeit bis später? Ich verzehre mich nach meiner Genoveva.«

Golo verstieg sich in ein Flüstern. »Gerade um sie geht es, Herr.«

»Um Genoveva? Um Himmels Willen, was ist denn mit ihr?«

»Ich wünschte, ich wäre stumm!«

»Sprecht endlich!«

Golo holte tief Luft. »Mein Graf, Euer Weib war Euch untreu! Es hat Euch schon betrogen, kaum dass Ihr aufgebrochen wart.«

Welten stürzten in diesem Augenblick über mich zusammen. »Genoveva ...«, stammelte ich fassungslos. »Untreu? Was redet Ihr da?«

Golo starrte betreten zu Boden. »Leider ist es die Wahrheit, mein Graf. Zeugen hierfür gibt es genug. Sie hat es mit dem Koch getrieben. Und damit nicht genug: Einen Sohn hat sie ihm geboren!«

Nicht einmal auf den Schlachtfeldern hatte mich je eine solche Verzweiflung gepackt. »Wo ist sie?«, brachte ich mühsam hervor.

»In ihre Gemächer habe ich sie sperren lassen. Ihr wollt sie sehen? Davon rate ich Euch ab, mein Graf. Ihr habt so vieles durchgemacht – und nun das.« Sachte legte er eine Hand auf meine Schulter. »Ihr solltet Euch zuerst ausruhen. Glaubt mir, eine Begegnung mit ihr würde Euch zu sehr aufwühlen!«

Eine Zeit der bittersten Finsternis folgte. Stumpfsinnig verbrachte ich die nächsten Tage auf meiner Bettstatt, weigerte mich zu essen, zu trinken oder auch nur irgendjemanden zu sehen – bis Golo leise in meine Kammer trat, sich auf einen Hocker setzte und mich unverwandt anstarrte. Es war offensichtlich, dass er sich nicht einfach fortschicken lassen würde.

»Was wollt Ihr?«, flüsterte ich heiser.

»Wie lange wollt Ihr hier noch liegen, mein Graf? Wichtige Entscheidungen gilt es zu treffen!«

»Trefft Ihr sie für mich. Schließlich seid Ihr mein Stellverteter.«

»Das will ich gerne tun, wenn Ihr es so wollt. Doch eine Entscheidung kann ich Euch beim besten Willen nicht abnehmen.«

»Und welche wäre das?«

»Wie soll mit Eurem Weib und seinem Bastard verfahren werden?«

Obwohl ich diese Frage erwartet hatte, krampfte mein Herz sich jäh zusammen. »Was schlagt Ihr vor?«, hörte ich mich sprechen.

Golo hob seine Schultern und antwortete in bedauerndem Tonfall: »Eure Milde hat die Treulose nicht verdient. Was würden Eure Untertanen von Euch denken, wenn Ihr ihr gegenüber Gnade walten ließet? Auf ewig würde man Euch dafür verspotten!«

»Ihr wollt sie also ...«

»Still, mein Graf, sprecht es nicht aus. Euer Schmerz ist groß genug, doch wenn es erst einmal vorüber ist, wird es Euch besser gehen. Ich will tun, was getan werden muss, zum Wohle für Euch und die gesamte Grafschaft.« Er räusperte sich leise. »Wenn Ihr es wünscht, bringe ich Euch ... ihre Zunge, zum Beweis, dass ich Euren Befehl ausgeführt habe.«

»Geht!«, schrie ich ihn an. »In Gottes Namen, tut, was getan werden muss – aber geht!«

Nachdem Golo sich untertänigst vor mir verbeugt hatte, verließ er mit entschlossenen Schritten die Kammer, in der Genoveva und ich uns einst geliebt hatten.

Golo ließ Genoveva mitsamt ihrem Säugling von ein paar Waffenknechten in den Wald bringen, um Mutter und Kind dort zu richten. Wie ich erst viel später erfahren sollte, waren diese Männer, im Gegensatz zu mir Unseligem, von Genovevas Unschuld überzeugt. Narr, der ich war. Kaum jemand glaubte den ungeheuren Beschuldigungen meines Burgvogtes. Warum, um alles in der Welt, tat ich es bloß?

Nachdem ihre vermeintlichen Henker Genoveva das Versprechen abgenommen hatten, nie wieder heimzukehren – denn das hätte ja deren Ungehorsam offenbart – entließen sie die Pfalzgräfin und ihr Kind in die Freiheit. Golo aber zeigten sie die Zunge eines Hundes, den sie getötet hatten.

So kam es, dass ich der Totgeglaubten sechs Jahre später begegnen sollte.

Sechs Jahre Qual und Zweifel! Sechs Jahre, und nicht eine Stunde verging, wo ich nicht an sie gedacht hatte. Ich will mich glücklich schätzen, wenn Gott, der Allmächtige, mir diese Jahre anrechnet, wenn ich dereinst im Fegefeuer schmore, auf dass mir die ewige Verdammnis erspart bleiben möge.

Es geschah bei einer Jagd. Ich hatte mich von meinen Jagdgefährten abgesetzt und verfolgte mit den Hunden eine Hindin durch das Unterholz, als sie plötzlich wie eine Erscheinung vor mir stand: Genoveva!

Mein Herzschlag drohte auszusetzen. Sie trug zerrissene Kleidung, ungebändigte Haarsträhnen umrahmten ihr ebenmäßiges Gesicht, und in ihren Augen glomm der Funken des Erkennens. Trotz ihrer Wildheit erschien sie mir noch schöner und erhabener als in meiner Erinnerung. An ihrer Hand hielt sie einen etwa sechsjährigen, in Felle gehüllten Knaben, der mich neugierig musterte.

»Genoveva«, hauchte ich.

Sie nickte stumm.

»Bei allen Heiligen, seit wie vielen Jahren lebst du in diesem Wald?« Es war eine überflüssige Frage.

»Seit sechs Jahren, mein Gemahl«, antwortete sie mit müder Stimme.

»Und ... wer ist der Junge, den du an der Hand hältst?«

»Der Junge ist«, erwiderte sie, »unser beider Sohn!«

In diesem Augenblick erschien Golo, der mir durch das Unterholz gefolgt war, am Schauplatz der unvermuteten Begegnung. Beim Anblick meiner Gemahlin erbleichte er. Einen Moment lang spielte er mit dem Gedanken, davonzurennen, doch seine Beine schienen vor Entsetzen wie gelähmt zu sein. Und endlich, mit einem Mal begriff ich: Golo, dem ich immer vertraut hatte, war der unleidliche Urheber dieser Tragödie, die mich meines Glückes beraubt und einen trübsinnigen, leidenden Menschen aus mir gemacht hatte.

Er hatte sie begehrt, doch Genoveva duldete seine Annäherungen nicht. Daraufhin verbreitete er das Gerücht, ich sei im Kampf gegen die Heiden gefallen, doch Genoveva wies ihn immer noch zurück. Als er sie schließlich zwingen wollte, seine Liebe endlich zu erwidern, schlug sie ihm hart mit der Faust ins Gesicht. Diese Tat hatte Golos unselige Liebe in glühenden Hass verwandelt. Und dank meiner unverzeihlichen Torheit hatte er seine finsteren Rachepläne schließlich in die Tat umgesetzt.

Alles Leugnen half ihm nicht, Golo wurde seines scheußlichen Verbrechens überführt. Obwohl es nicht der Wille Genovevas war, ließ ich ihn bereits am nächsten Tag zwischen vier Ochsen spannen, die ihn zerrissen, als man sie in die vier Himmelsrichtungen trieb.

Und Genoveva? Eine Weile lang lebte ich mit der Illusion, alles könne wieder werden wie früher. Und plötzlich hatte ich einen Sohn! Genoveva hatte ihm den Namen »Schmerzensreich« gegeben – welch treffender Name für ein Kind, dessen Mutter es unter Schmerzen, Mühen und unsäglichen Entbehrungen geboren und großgezogen hatte.

Ja, alles könne wieder so sein wie früher, redete ich mir ein. Doch Genoveva war ein anderer Mensch geworden. Die Not an Leib und Seele hatte ihre Gesundheit zugrunde gerichtet. Auch weiterhin ernährte sie sich ausschließlich von Kräutern und Beeren, an die sie gewohnt war. Zudem war sie schweigsam und in sich gekehrt, obgleich sie mir niemals das Gefühl gab, mich zu verachten für das, was ich ihr angetan hatte.

Genoveva lebte nur noch wenige Tage, dann ging sie heim zu den Himmlischen, die sich über die reine Seele, die da Einzug ins Paradies hielt, gewiss gefreut haben mögen.

O nein, das Rad der Zeit lässt sich nicht zurückdrehen. Ich werde meiner verstorbenen Gemahlin eine Kapelle errichten lassen, nahe der Höhle, in der sie und unser Sohn sechs lange Jahre wie Aussätzige im Verborgenen leben mussten. In dieser Kapelle will ich täglich für ihr Seelenheil beten – doch vor allem für mein eigenes.

Die tapfere Agnes

(Burg Eltz)

Schrecklicher Durst ließ den Pagen Kunibert kurz vor Mitternacht erwachen. Sein ritterlicher Herr schlief tief und fest; offenbar hatte der herzhaft gewürzte Wildbraten, den man ihnen Stunden zuvor kredenzt hatte, bei ihm noch nicht das dringliche Bedürfnis nach einem Krug kalten Wassers geweckt. Leise, um den schnarchenden Herrn nicht aus dem Schlaf zu reißen, erhob sich Kunibert von seinem Lager und stahl sich aus der Kammer.

Ein runder Mond schickte seinen Schein durch die Fenster, sodass die Gänge der Burg in ein mildes Licht getaucht waren. Kunibert nahm es dankbar zur Kenntnis, schließlich war er ein Fremder auf Burg Eltz, und der Weg zur Küche ließ sich bei ein wenig Licht leichter finden, als wenn er sich durch die Finsternis hätte tasten müssen.

Kunibert versuchte sich zu orientieren. Immerhin hatte er auch den einen oder anderen Becher Wein getrunken, und in seinem Kopf schien nun ein garstiger Zwerg zu sitzen, der mit einem Hämmerchen unablässig gegen die Schädeldecke pochte. Im Stillen schwor sich Kunibert, künftig Maß zu halten, sollte er wieder an eine herrschaftliche Tafel geladen werden. Der Burgherr von Eltz hatte sich am Abend als großzügig erwiesen und auch den Pagen seines Gastes an den Tisch rufen lassen. Die Verlockung, zu völlen, was das Zeug hielt, war einfach zu groß gewesen. Leider hatte diese Vergünstigung ihm Kopfschmerzen, unerträglichen Durst und ein paar missbilligende Blicke seines ritterlichen Herrn eingebracht. Morgen früh würde er sich seine mahnenden Worte anhören müssen – als ob er nicht schon genug gestraft wäre.

Wo befand sich bloß diese vermaledeite Treppe, die nach unten führte? Kunibert hätte schwören können, dass er sie längst hätte erreichen müssen. Nun war er am Ende des

Korridors angelangt, doch von einer Treppe war nichts zu sehen. Seufzend gestand Kunibert sich ein, dass er sich wohl in der Richtung geirrt hatte, was blieb ihm also übrig, als nunmehr die andere Richtung einzuschlagen?

Er machte kehrt und erstarrte mitten in der Bewegung. Mit einem Mal war er so nüchtern wie ein Eremit in der Fastenzeit, denn das, was er sah, war weiß Gott nicht seiner Trunkenheit zuzuschreiben, soviel stand fest. Die Frau, die dort wenige Schritte vor ihm stand, war so real wie die Burg, in der er und sein Herr nächtigten.

Die Frau war noch jung und trug ein weißes, wallendes Gewand. Sie hatte ein hübsches, ebenmäßiges Gesicht, das jedoch von einer geisterhaften Blässe überzogen war. Ihr Blick war leer und sie schien ihn überhaupt nicht wahrzunehmen, obwohl er doch leibhaftig vor ihr stand.

Kunibert stammelte einen Gruß, doch die Worte blieben ihm im Hals stecken, als die Frau sich – wie eine schwebende Feder – auf ihn zu bewegte. Erschrocken wich er zurück, bis er das kalte Mauerwerk in seinem Rücken spürte. Die Frau indessen machte keinerlei Anstalten, ihren Schritt zu unterbrechen. Kunibert, der nicht wusste, wie er auf ihr seltsames Verhalten reagieren sollte, schnappte nach Luft.

»Verzeiht, edle Dame, aber mir scheint ...«

Er verstummte in dem Augenblick, als sie durch ihn hindurchschritt und wie ein Geist in der Mauer verschwand. Kunibert wagte sich nicht zu rühren. Erst nach einer Weile, als ihm die Ungeheuerlichkeit seiner unheimlichen Begegnung bewusst geworden war, erwachten seine Lebensgeister von Neuem.

»Hilfe!«, schrie er, so laut er konnte.

»Was brüllst du hier herum wie ein Schwein beim Schlachter?«, schalt ihn mit gedämpfter Stimme der Bursche, der bald darauf auf dem Korridor erschien. »Willst du die ganze Burg aufwecken?«

Kunibert erkannte den Knappen des Burgherrn. »Ah, Paul«, sagte er erleichtert. »Schön, ein bekanntes Gesicht hier anzutreffen. Du wirst nicht glauben, was mir gerade widerfahren ist.«

»Das kommt ganz darauf an, mein Lieber. Ich hoffe nur für dich, dass deine Geschichte etwas taugt, lag ich doch gerade im tiefsten Schlaf und träumte von einem hübschen Mädchen, als dein Hilferuf mich weckte.«

»Nun, ein hübsches Mädchen habe ich auch gesehen. Allerdings schien es sich bei ihr um ein ...«, er suchte händeringend nach dem richtigen Wort, »naja, um ein Gespenst zu handeln, denn sie stolzierte durch mich hindurch, als sei ich überhaupt nicht vorhanden.«

Der Missmut um Pauls Mundwinkel wich einem breiten Grinsen. »Ich verstehe. Du hast Agnes gesehen.«

»Agnes? Wer zum Kuckuck ist Agnes?«

Ihr Gespräch wurde unterbrochen von einer rauen Männerstimme, die vom anderen Ende des Ganges zu ihnen herüberschallte.

»Wer hat da eben um Hilfe geschrien?«

»Schon gut,«, beschwichtigte Paul den herbeigeeilten Wächter. »Es war nur unsere Agnes, die einem der Gäste einen gehörigen Schreck eingejagt hat. Sorgt Euch nicht weiter darum.«

Der Mann lachte erheitert und verschwand auf den Wehrgang.

»Wer ist Agnes?«, wiederholte der verwirrte Kunibert seine Frage von vorhin.

Paul fasste ihn an der Schulter und schob ihn vor sich her. »Komm, lass uns in die Küche gehen und etwas trinken. Ich will dir erzählen, was es mit Agnes auf sich hat.«

»Das ist ein Wort, denn dort wollte ich ja eigentlich auch hin, bevor ich diese Agnes traf. Ich wollte nur einen Becher Wasser trinken, doch ich denke, ich könnte jetzt einen Schnaps vertragen.«

*

»Vor etwa dreißig Jahren«, begann Paul seine Erzählung und füllte zwei Becher, »vor etwa dreißig Jahren gab es auf dieser Burg einen Grafen, der ein schmuckes Töchterlein namens Agnes hatte. Auf ihr Wohl wollen wir trinken.«

Sie leerten ihre Becher in einem Zug und fuhren sich mit den Hemdsärmeln über den Mund. Kunibert grunzte zufrieden, denn der Schnaps beruhigte sein aufgewühltes Gemüt.

»Schon im zarten Kindesalter«, fuhr Paul fort, »war Agnes dem Junker von Braunsberg versprochen worden. Als Agnes aber zu einer schönen jungen Frau herangereift war, zeigte sich, dass sie den Junker leiden mochte wie die Katz den Hund. Sie bat ihren Vater, die Verlobung zu lösen. Der Graf aber wollte die Braunsberger nicht bloßstellen und redete seiner Tochter gut zu – vergeblich: Lieber wolle sie in ein Kloster gehen, sagte sie, als den Junker zu ehelichen.«

»Das riecht verdächtig nach einem heimlichen Geliebten, den sie gehabt haben muss«, vermutete Kunibert. »Sprich, war es nicht so?«

Paul hob seine Schultern. »Niemand weiß das mehr so genau. Aber wenn du mich fragst, es muss nicht immer ein heimlicher Geliebter herhalten, wenn eine äußerst feinsinnige Frau, die bereits als junges Mädchen verlobt wurde, sich gegen ihren Bräutigam sträubt. Der Junker muss ein rauer, ungeschliffener Geselle gewesen sein. Dies wurde dann auch auf der Verlobungsfeier für jedermann offensichtlich. Nachdem die üblichen Verhandlungen erledigt waren, trat der Braunsberger auf Agnes zu, um sie zu küssen.«

»Au Backe, ich ahne schon, was nun folgt«, seufzte Kunibert.

»Genau! Agnes riss sich von ihm los und verweigerte ihm diesen Verlobungskuss. Woraufhin der Braunsberger sie aufs übelste mit Worten beschimpfte, die selbst einem hartgesottenen Flegel die Schamesröte ins Gesicht treiben würden. Und damit nicht genug, er schleuderte ihr sogar seinen Handschuh ins Gesicht. Da hatte endlich auch der Graf ein Einsehen: Diesem Wüterich konnte er unmöglich die Hand seiner geliebten Tochter anvertrauen. Es kam zum Streit zwischen den Leuten des Grafen und den geladenen Gästen aus Braunsberg, Waffen blitzten, und nur der um Frieden flehenden Agnes war es zu verdanken, dass man sich nicht schon jetzt gegenseitig an die Kehle ging. Die

Braunsberger verließen wutentbrannt die Burg und sagten den Eltzern schon bald die Fehde an.«

»Ein hoher Preis für einen verweigerten Kuss«, sagte Kunibert schaudernd. »Und ich nehme an, für Agnes nimmt diese Geschichte kein gutes Ende.«

»Monate lang befehdeten sich die beiden Parteien, ohne dass jemand einen entscheidenden Erfolg erzielen konnte. Eines Tages gelang es den Braunsbergern, die Eltzer Mannen durch eine List von hier fort zu locken, und schon bald drangen der Junker und seine Leute in die nur schwach bewachte Burg ein. Agnes sah die feindlichen Reiter von ihrem Fenster aus in den Hof reiten. Der Gedanke, dem verhassten Junker nun doch in die Hände zu fallen, erfüllte sie mit unbändiger Angst, doch sie besaß immer noch Geistesgegenwart genug, einen kühnen Plan zu schmieden. Sie eilte in die Kammer ihres Bruders und legte sich seinen Prunkharnisch an, ergriff ein Schwert und trat auf diese Weise gewappnet den Feinden entgegen.«

Kunibert klappte die Kinnlade nach unten und schielte nach der Schnapsflasche. »War sie vielleicht lebensmüde?«, fragte er erschüttert.

»Agnes wollte wohl lieber sterben, als die Kriegsbeute des Braunsbergers zu werden«, erwiderte Paul und füllte den Becher seines Zuhörers von Neuem. »Jedenfalls trat sie ihrem verhinderten Bräutigam mit erhobenem Schwert entgegen. Diesem, der ja nicht ahnen konnte, wer dort vor ihm stand, stand nicht der Sinn nach ritterlichem Zweikampf. Deshalb hob er, ohne lange zu zögern, sein Faustrohr und schoss.«

»Die Ärmste«, entfuhr es Kunibert. Er griff nach seinem Becher, um seine Ergriffenheit herunterzuspülen.

»Kannst du dir vorstellen«, sagte Paul, »wie dumm der Braunsberger aus der Wäsche geguckt hat, als er das Visier der Toten hob und Agnes erkannte? Er hatte sie mit Gewalt rauben wollen, doch Agnes war seinem Plan zuvorgekommen – zum Preis ihres Lebens!«

»Was geschah weiter? Erfuhr der Junker wenigstens seine gerechte Strafe?«

»Immerhin gelang es den Eltzern, die Eindringlinge wieder zu vertreiben, doch das konnte Agnes auch nicht wieder lebendig machen. Was mit dem Junker geschah? Manche behaupten, er sei außer Landes gegangen und nie zurückgekehrt. Vielleicht regte sich ja sein Gewissen, und er hat eine Pilgerfahrt unternommen, um mit sich ins Reine zu kommen. Dies versucht wohl auch noch immer die tapfere Agnes, oder vielmehr ihr Geist. Offenbar hat sie noch nicht ihren Frieden gefunden, aus welchen Gründen auch immer. Oft sieht man ihr gespenstisches Abbild nachts durch die Burg wandeln. Aber sie tut niemandem etwas zuleide.« Er schmunzelte. »Wahrscheinlich ist das Fegefeuer überfüllt. Eines Tages wird auch ein Platz für sie dort frei sein und die Erscheinungen werden ein Ende haben. Gott wird sich ihrer schon erbarmen, da bin ich mir sicher. Außer ihrer Eigenwilligkeit hat sie sich schließlich keine größeren Sünden zuschulden kommen lassen. Übrigens, der Harnisch, den sie an jenem Abend trug, hängt heute – durchlöchert vom Schuss des Junkers – in unserer Rüstkammer. Soll ich ihn dir zeigen?«

»Lieber nicht«, lehnte Kunibert heftig den Kopf schüttelnd ab. »Die Sache ist unheimlich genug, und der Schreck sitzt mir immer noch in den Knochen. Im Morgengrauen, so hoffe ich, breche ich mit meinem Herrn auf. Soll Agnes doch jemand anderem im Mondenschein begegnen.«

Das steinerne Brot

(Alflen, Martertal)

Zur Zeit des Dreißigjährigen Krieges

Der Mönch, der durch die Luke nach draußen spähte, runzelte die Stirn, als er den Knaben vor der Pforte erkannte.

»Bist du nicht der Älteste des Bauern Fiebus?«

Nikolaus biss sich auf die Unterlippe und nickte. »Ja, Frater.«

»Warum bettelst du? Dein Vater ist der reichste Mann zu Alflen.«

»Das war er, Frater. Letzte Woche kamen die Franzosen und haben alles mitgenommen. Allein das Leben ließen sie uns. Nicht einmal ein Huhn besitzen wir mehr.«

»Und so müsst ihr hungern wie alle anderen auch«, sagte der Mönch verstehend. »Bete zu Gott, mein Junge, dass dieser unselige Krieg bald vorübergehen möge.«

»Bitte, Frater! Nur ein Stück Brot!«

Einen Augenblick lang war der Mönch versucht, bedauernd den Kopf zu schütteln. Auch im Kloster war Schmalhans seit Monaten Küchenmeister. Erst gestern war einer der älteren Brüder zu Gott heimgegangen, weil die Kräfte ihn verlassen hatten.

»Ich will nicht verhungern«, flehte Nikolaus.

Der Mönch seufzte leise. »Warte hier. Ich will in die Küche gehen und schauen, was ich für dich auftreiben kann.«

Nikolaus konnte es noch immer nicht fassen: Ein ganzes Brot hatte der Mönch ihm gegeben. Das Wasser sammelte sich in seinem Mund, und nur mit Mühe widerstand er der Versuchung, es aus dem Sack zu holen und hineinzubeißen. Zu Hause warteten hungrige Mäuler auf ihn.

In der Ferne hörte er Donnergrollen. Nikolaus beschleunigte seine Schritte, um noch vor Einbruch des Gewitters wieder zu Hause zu sein. Als er die Endertbrücke erreichte, sah er die am Boden kauernde Frau. In ihren Armen hielt sie ein etwa dreijähriges Mädchen. Zwei leidende Augenpaare blickten zu Nikolaus empor. Nikolaus wich ihren Blicken aus und wollte seinen Weg fortsetzen, doch die heisere Stimme der Frau ließ ihn verharren.

»He, Junge!«

Widerwillig schenkte Nikolaus ihr Aufmerksamkeit.

»Wir verhungern«, hauchte die Frau. Selbst das Sprechen bereitete der Geschwächten Mühe. »Mein Kind und ich, wir verhungern. Bitte, gib uns zu essen.«

»Hätte ich einen Laib Brot, so gäbe ich Euch von Herzen gern ein Stück davon ab«, log Nikolaus und versteckte den Sack hinter seinem Rücken – vergeblich.

»Was hast du da? ... In dem Sack?«

»Nur einen Wacken. Meine Mutter braucht ihn, um das Kraut zu beschweren.«

»Wir verhungern«, weinte die Frau.

»Warum geht Ihr nicht zum Kloster, ins Martertal? Die Mönche dort haben gewiss noch etwas zu essen für Euch und Euer Kind.«

Noch bevor die Frau antworten konnte, rannte er davon. Er weigerte sich, zur Kenntnis zu nehmen, dass die halbverhungerte Frau den Weg ins Martertal nie und nimmer würde bewältigen können. Das Gewitter kam näher. Und daheim wartete man sehnsuchtsvoll auf seine Rückkehr.

Damit er nicht noch einmal angebettelt würde, verließ er die Straße und rannte querfeldein heimwärts. Als er den Hof erreichte, brach das Unwetter los.

Die Mutter murmelte ein Dankgebet, als Nikolaus das Brot auf den Tisch legte. Die herbeieilenden Geschwister – sechs an der Zahl – trauten ihren Augen nicht.

»Gut gemacht, Junge«, sagte der Vater und zückte feierlich das Brotmesser.

Wie gebannt verfolgten die Kinder jede Bewegung des Vaters. Niemand sprach ein Wort und nur das Knurren der Mägen und das Prasseln des Regens waren zu vernehmen. Noch immer schien es allen unglaublich, dass dort ein echtes Brot vor ihnen lag, das nur darauf wartete, von ihnen verzehrt zu werden.

Indes, so sehr der Vater sich auch mühte, das Brot zu zerteilen, es gelang ihm nicht. Die Klinge des Messers wollte einfach nicht in das Brot dringen. Nach einer Weile warf er das Messer beiseite und bedachte seinen Ältesten mit einem zornigen Blick.

»Trottel! Hast dir einen Wackerstein geben lassen!«

Nikolaus war bleich geworden. »Aber ... das kann nicht sein«, stammelte er.

»Sag mir, wer diesen üblen Scherz mit dir getrieben hat!«

»Niemand, Vater.« Wie ein Häuflein Elend sank Nikolaus in die Knie. Zögerlich begann er zu erzählen, was an der Brücke geschehen war. Schließlich vergrub er beschämt das Gesicht in seinen Händen. Der Zorn des Vaters war einem stummen Entsetzen gewichen.

»Gott hat uns für deine Sünde gestraft«, sagte die Mutter bitter.

»Ach, könnte ich es doch ungeschehen machen.«

»Vielleicht ist es noch nicht zu spät,« meinte der Vater entschlossen. »Du wirst augenblicklich zur Brücke zurückkehren. Haben wir nicht noch einen Rest von der Milch? Den wirst du der Frau und ihrem Kind bringen!«

»Lass ihn wenigstens warten, bis das Unwetter sich verzogen hat«, warf die Mutter ein. Doch Nikolaus, erleichtert von der Aussicht, seinen Fehler wiedergutzumachen, schüttelte den Kopf.

»Der Regen macht mir nichts aus. Gib mir die Milch, Mutter, ich will keine Zeit mehr verlieren.«

Blitze zuckten am Himmel, als Nikolaus das Haus verließ und zu laufen begann, wie noch nie in seinem Leben. Seine Hände umklammerten einen kleinen Krug. Keine Macht der Erde würde ihm diesen entreißen können, bis er sein Ziel erreicht hatte. Als er über eine Wurzel stolperte und der Länge nach in den Schlamm fiel, galt seine Sorge allein der Unversehrtheit des Kruges, auch wenn er nicht verhindern konnte, dass etwas von der Milch über den Rand schwappte. Verbissen rappelte er sich auf, lief weiter, immer weiter. Er war durchnässt bis auf die Knochen, doch er achtete nicht darauf, und auch das wütende Donnergrollen entging seinen Sinnen.

Als er die Brücke endlich erreichte, sah er Mutter und Kind vor der Brüstung sitzen. Beflissen reichte er ihnen den Krug. Trotz seiner Atemlosigkeit gelang ihm ein Lächeln.

»Hier, gute Frau. Nehmt und trinkt, es kommt von Herzen.«

Die Frau und auch das Kind rührten sich nicht. Nikolaus durchfuhr es siedend heiß. Seine Ahnung wurde zur grausamen Gewissheit, als er in die gebrochenen Augen der beiden sah. Weinend sank Nikolaus in sich zusammen.

*

»Du?«

Der Mönch blickte in die flehenden Augen des Jungen, der vor ihm an der Klosterpforte stand und um Einlass bat.

»Bist du nicht gestern erst hier gewesen? Und habe ich dir nicht ein ganzes Brot zugesteckt? Ich kann dir nicht schon wieder eins geben.«

»Das ist es nicht, Frater«, sagte Nikolaus. »Ich bin nicht hier, um zu betteln.«

»Wozu sonst?«

»Bitte, führt mich zu Eurem Prior!«

»Zum Prior? Ich fürchte, der hat jetzt keine Zeit für dich, Junge. Komm ein anderes Mal wieder.«

»Aber es ist wichtig!« Nikolaus' entschlossene Stimme ließ keinen Zweifel daran, dass er nicht willens war, sich einfach wieder fortschicken zu lassen. »Frater, ich habe eine schwere Sünde begangen und möchte beichten. Außerdem ...«, Nikolaus holte tief Luft, »außerdem möchte ich Eurem Orden beitreten.«

»So?« Die Brauen des Pfortenbruders hoben sich verwundert.

»Frater, bitte! Die niedrigsten Arbeiten will ich tun, wenn Ihr mich nur aufnehmt. Ein Leben in Demut möchte ich führen, bis an mein Ende.«

»Schon gut, mein Junge, so beruhige dich doch!« Der Mönch ließ den Flehenden eintreten, bevor dieser den ganzen Konvent zusammenschrie. »Folge mir, ich führe dich zu unserem Prior. Ihm kannst du dich anvertrauen.«

Teufelspakt

(Gerolstein)

Lateranpalast Rom, um 1190

Der Papst las in einer Pergamentrolle, die ausgebreitet vor ihm lag, als einer seiner Kardinäle den Raum betrat. Eine Weile noch fuhr Clemens III. in seinem Studium fort, bevor er dem Eingetretenen seine ungeteilte Aufmerksamkeit schenkte.

»Was gibt es?«, fragte er.

Der Kardinal neigte den Kopf. »Heiliger Vater, ein Bittsteller aus den deutschen Landen, ein junger Graf namens Ulrich ... Seit Tagen ersucht er um eine Audienz bei Euch und eher würde er sterben, so sagt er, als dass er sich abweisen ließe. Er möchte die Beichte ablegen, und das nur beim heiligen Vater selbst, da er bezweifelt, dass jemand anders imstande ist, ihm zu helfen. Was soll ich mit diesem Mann bloß anfangen?«

»Eine schwere Sünde muss auf seinem Gewissen lasten«, erwiderte der Papst nachdenklich, »denn er hat einen weiten Weg auf sich genommen, um das Heil seiner Seele zu retten. Lasst ihn in den Beichtstuhl meiner Kapelle führen, denn ich bin gewillt, ihn anzuhören.«

»Heiliger Vater, ich bin Graf Ulrich von Gerolstein«, begann der Mann mit heiserer Stimme, in der unverkennbare Angst mitschwang. »Ich habe eine schwere Sünde begangen und ich sehe keinen Weg, der ewigen Verdammnis zu entgehen. In meiner Not kam ich zu Euch, denn Ihr seid der Stellvertreter Gottes auf Erden. Wenn Ihr beim Herrgott für mich sprecht, so wird Er Euch hören.«

»Mein Sohn, so beruhige dich doch«, sagte der Papst mit milder Stimme, »weißt du denn nicht, dass Gottes Güte unermesslich ist? Selbst wenn du hundert Menschen meuchlings getötet hast, kann Er dir verzeihen, wenn du ernsthaft Reue zeigst und Buße tust.«

»Wenn es das nur wäre«, erwiderte Ulrich verzeifelt, »dann würde ich den Rest meiner Tage betend in einem Kloster verbringen, damit meine Sünden mir vergeben werden. Doch so einfach ist es leider nicht, denn ich habe …« Er stockte und presste die Lippen aufeinander.

»Was hast du getan, mein Sohn? Sprich nur, und vertraue auf die Gnade Gottes.«

»Ich habe meine Seele dem Teufel versprochen«, sagte Ulrich tonlos.

Der Papst schwieg erschüttert.

»Da seht Ihr's, heiliger Vater. Die Schwere dieser Sünde verschlägt Euch die Sprache. Oh, ich wünschte, ich wäre niemals geboren worden.«

»Was redest du da«, entgegnete der Papst, der allmählich seine Fassung wiedergewann. »Jeder Mensch ist ein Geschöpf Gottes. Wie kannst du an Seinem Werk zweifeln? Allein das ist eine schwere Sünde, die der Buße bedarf.«

»Aber ich bin verloren, heiliger Vater. In einem Augenblick der Schwäche habe ich dem Leibhaftigen meine Seele verschrieben. Die ewigen Feuer der Hölle sind mir gewiss, und ich werde niemals …«

Mit einer abrupten Geste hieß der Papst ihn zu schweigen. »Einen Pakt mit dem Teufel hast du geschlossen? Du hast Recht, das ist eine Ungeheuerlichkeit. Aber es ist nicht deine Sache, über dich selbst zu richten. Berichte mir alles von Anfang an, mein Sohn.«

»Vor einigen Jahren trat ich das Erbe meines Vaters an. Die Menschen der Grafschaft schätzen mich, wie ich zu behaupten wage. Es herrschte Friede, die Ernten waren reich und zu meinem Glück fehlte mir nur noch Katharina, die Tochter des Grafen Dietrich von Pyrmont. Seit langem waren Katharina und ich uns in Liebe zugetan. Als ich jedoch bei Dietrich um ihre Hand anhielt, verhielt dieser sich abweisend. Offenbar war er nicht bereit, seine einzige Tochter, an der sein Herz hing, herzugeben. Als er aber sah, dass Katharina sich deshalb grämte, begann auch er zu grübeln und rang sich dazu durch, seine Zustimmung von der Erfüllung einer – freilich *unerfüllbaren* – Aufgabe abhängig zu machen: Wenn es mir gelänge, so ließ er verlauten, einen Speer von meiner Burg aus gegen den benachbarten Munterley zu schleudern, sodass er beim Aufprall zerschmettere, dann wolle er mir seine Tochter zur Frau geben.

Auf ein Wunder hoffend, machte ich mich ans Werk. Das Wunder aber blieb aus. Selbst der kühnste Recke wäre an dieser Probe gescheitert, denn ein ganzes Tal liegt zwischen meiner Burg und dem Felsen. Was blieb mir übrig, als mich damit abzufinden, dass ich Katharina niemals vor den Brautaltar würde führen können.

Als ich eines Abends kummervoll in der Fensternische des Rittersaales saß und nach draußen in die Dunkelheit starrte, wurde mir ein fremder Junker gemeldet. Ich ließ ihn eintreten und hörte, was er mir zu sagen hatte. Der Junker war ein vornehm gekleideter Mann. Seine Worte waren die eines Gebildeten, seine Gesten bedächtig und würdevoll, doch in seinen Augen glomm ein unheimliches Feuer, das sein sonstiges Erscheinungsbild auf schauerliche Weise Lügen strafte. Schon bald wurde mir klar, wer dort in Wirklichkeit vor mir stand: Es war der Teufel selbst, und er bot mir an, mir bei der Erfüllung der Aufgabe, die Katharinas eifersüchtiger Vater mir gestellt hatte, behilflich zu sein. Als Preis für diese Gefälligkeit verlangte er nichts weiter von mir als meine Seele.«

»Du bist auf des Teufels Angebot eingegangen?«, fragte der Papst erschüttert.

»Heiliger Vater, ich liebte Katharina bis zur Verzweiflung und tue es immer noch. Mit einem Mal ergab sich eine Möglichkeit, sie für immer zu gewinnen. Gewiss, es überkamen mich mächtige Zweifel, doch ich erlag der Überredungskunst des Junkers wie ein Wild dem Bogen des Jägers. Außerdem, so redete ich mir ein, würde sich eines Tages mit Gottes Hilfe schon eine Gelegenheit bieten, den geschlossenen Pakt zu widerrufen. Narr, der ich war. Wie konnte ich glauben, dass Gott mir helfen würde, diese Sünde ungeschehen zu machen?

Ich ließ dem Pyrmonter die Ausführung des Kunststückes anzeigen und bat ihn, einen verlässlichen Zeugen zu schicken. Dietrich, der offenbar glaubte, ich wage lediglich einen weiteren verzweifelten Versuch, schickte seinen Sohn Richwin, den Bruder meiner Geliebten. Richwin sah dann mit eigenen Augen, wie ich den Speer mit meinen neu verliehenen Kräften weit bis zum Munterley schleuderte. Am Felsen zerschellte die Waffe, wie der Graf es verlangt hatte. Nun war Katharina mein, denn Dietrich war Ehrenmann genug, sich an das Wort zu halten, das er mir gegeben hatte.

Mit viel Pracht und Jubel zog die neue Gräfin auf meiner Burg ein. Doch, heiliger Vater, im Gegensatz zu Katharina war ich alles andere als glücklich, denn die Qualen meiner Seele nahmen von Tag zu Tag zu und wurden schier unerträglich. Ich brachte es freilich nicht übers Herz, meiner ahnungslosen Gattin die Wahrheit zu berichten – wie hätte sie mit einem Mann leben können, der seine Seele dem Teufel verschrieb? Und was nutzte mir alles Glück dieser Erde, wenn in der Hölle bereits die Feuer für mich geschürt wurden? Unter einem Vorwand unternahm ich diese Reise, und nun stehe ich vor Euch, verzweifelt, aber zur Demut bereit. Sagt mir, heiliger Vater, gibt es doch noch Hoffnung, dass meine Seele Rettung finden kann?«

»Mein Sohn«, erwiderte der Papst nach langem Überlegen, »du bist nicht der erste Mensch, der den Versuchungen des Teufels erlegen ist, wenngleich die Schwere deiner Sünde keinesfalls von der Hand zu weisen ist. Die Seele ist dir von Gott gegeben und es ist beinahe unverzeihlich, sie dem Teufel zu vermachen. Doch Gottes Güte ist grenzenlos, und da du dein Tun bereust, gibt es vielleicht einen Weg, deine Seele zu retten. Kehre zurück zu deiner Gemahlin und erzähle ihr, was du um ihretwillen getan hast. Dann schließe dich dem Kreuzzug des Kaisers an, der bald aufbrechen wird, um das Heilige Land den Händen der Ungläubigen zu entreißen. Scheue keine Opfer, auch das Opfer deines Lebens nicht. Wenn dich dort, wo unser Herr Jesus einst auf Erden wandelte, der Tod ereilt, wird Gott dir den Einzug in das ewige Paradies nicht verwehren.«

*

Burg Gerolstein, zwei Jahre später

Katharina starrte aus dem Fenster der Kemenate, als der Himmel sich draußen zu verfinstern begann. Ein unheimliches Grollen war zu vernehmen, Sturmglocken wurden geläutet. Dann zuckten Blitze am Himmel und tauchten die Landschaft in ein flammendes Licht. Nach wenigen Augenblicken war der Spuk wieder vorüber.

Am nächsten Morgen überbrachten aufgeregte Burgleute der Gräfin den Speer ihres Gemahls. Völlig unversehrt hatte die Waffe am Fuß des Munterley gelegen. Das Wundersamste jedoch war, dass an seiner Spitze ein seltsames Kreuz prangte.

»Was hat das nur zu bedeuten, Gräfin?«, fragte einer der Diener verwirrt. »Befindet sich unser Herr denn nicht im Heiligen Land?«

Katharina ließ sich, übermannt von Trauer, in einen Sessel sinken.

»Euer Herr, der Graf, ist tot«, erklärte sie mit zitternder Stimme den verwirrten Leuten, die sich sorgenvoll um sie scharten.

»Aber Gräfin, wieso sagt Ihr das? Wie könnt Ihr das wissen?«

»Glaubt mir, er ist gefallen. Aber seine Seele«, ein kaum wahrnehmbares Lächeln legte sich um ihre Lippen, »seine Seele ist gerettet.«

Nidhards Pfeil

(Prüm)

Andächtig lauschen die Prümer Mönche im Chorgestühl den Worten ihres Abtes Ansbald, der die heilige Messe zelebriert. Doch gerade, als der gute Ansbald ein inbrünstiges »Te deum« anstimmen will, gibt es einen ohrenbetäubenden Krach. Eine gleißende Wolke schwebt über der Apsis. Und plötzlich, wie von unsichtbarer Hand geschleudert, landet ein Pfeil auf dem Altar, von dem der Abt erschrocken zurückweicht.

Der Abt und seine Mitbrüder sind eine Weile lang wie erstarrt. Als man den ersten Schrecken überwunden und die helle Wolke sich in Wohlgefallen aufgelöst hat, wirft man vorsichtige Blicke nach oben. Doch die Decke des Gotteshauses ist unversehrt. Der Abt wendet sich mit strengem Antlitz an die beiden Novizen, die in der hintersten Reihe kauern und sich kaum zu rühren trauen.

»Peter! Paul! Seid ihr für diesen unfrommen Schabernack verantwortlich?«

»Oh nein, ehrwürdiger Abt«, kommt es ein wenig empört zurück. »Niemals würden wir es wagen, den Gottesdienst zu stören.«

Abt Ansbald aber ist von ihrer Unschuld keineswegs überzeugt. »Bei euch kann man sich da niemals sicher sein. Immerhin habt ihr auch nicht davor zurückgeschreckt, dem Bruder Sakristan einen Frosch unter die Bettdecke zu legen.«

»Ehrwürdiger Abt, ich denke, diesmal sind die beiden Knaben wirklich schuldlos an dem Zwischenfall«, kommt ihr Novizenmeister Peter und Paul zu Hilfe. »Sie waren den ganzen Tag unter meiner Aufsicht – für das Aushecken eines schlechten Streiches hätten sie keine Gelegenheit gehabt.«

»Hm!« Nachdenklich nimmt Abt Ansbald den Pfeil in die Hände und betrachtet ihn von allen Seiten. »Wenn die beiden Novizen es nicht waren«, sagt er, »dann war es wohl ein Engel des Himmels, der uns den Pfeil gesandt hat.«

Einige der Mönche beginnen zu grinsen, doch der strenge Blick des Abtes lässt sie schnell wieder eine demütige Miene aufsetzen: Offenbar war es Ansbald ernst mit der Annahme, himmlische Boten könnten für die Überbringung des Pfeiles verantwortlich sein.

»Mit Verlaub, ehrwürdiger Vater«, meldet sich einer der jüngeren Brüder aus der ersten Reihe schüchtern zu Wort. »Aber sehe ich da nicht ein Schriftstück, das am Schaft des Pfeiles befestigt ist?«

Tatsächlich. Das ist den alterstrüben Augen des guten Ansbald entgangen. Er runzelt die Stirn und beginnt das Schreiben vom Schaft des Pfeiles zu lösen. Gespannt halten die Mönche in der Salvatorkirche den Atem an.

»Eine Urkunde«, belehrt sie der Abt, nachdem er die Rolle vor sich ausgebreitet hat. »Die Schriftzeichen sind sehr klein gehalten.« Sein Blick sucht den des Bibliothekars. »Bruder, komm her und hilf mir, das Schreiben zu entziffern. Meine alten Augen sind dazu nicht mehr in der Lage.«

Mit würdevollem Schritt tritt Bruder Bibliothekar an den Altar heran und widmet sich dem Studium der Schriftrolle.

»Sprich! Was ist es?«, fragt Abt Ansbald ungeduldig.

»Die Urkunde ist unterzeichnet von einem gewissen Ritter namens Nidhard aus Laon.«

»Laon? Das ist einige Tagesreisen von hier entfernt, soweit mir bekannt ist«, wundert sich der Abt. »Weiter! Was beurkundet dieser fremde Ritter?«

Der Bibliothekar liest und fährt dann fort: »Nidhard und sein Weib sind schon alt und ohne Erben. Offenbar haben die beiden Eheleute sich nun, da das Ende ihres Lebens nicht mehr weit ist, entschieden, ihr gesamtes Besitztum einem Kloster zu vermachen.«

»Das müssen fromme Leute sein«, sagte der Abt würdevoll nickend. »Aber noch immer begreife ich nicht, wie der Pfeil mit der Urkunde auf unseren Altar gelangen konnte.«

Inzwischen hat der Bibliothekar die Lektüre der Schriftrolle beendet. Er lässt sie sinken und ringt nach Worten. Besorgt mustert ihn der Abt.

»Was ist los mit dir, Bruder? Du siehst ja aus, als sei dir die heilige Jungfrau begegnet. Rede, was steht weiter in dieser Urkunde?«

»Ich fürchte, das wird uns niemand glauben«, vermutet der Bibliothekar.

»Nur zu«, ermuntert ihn der Abt.

»Nun«, antwortet der andere tief durchatmend, »offenbar fiel die Wahl des Klosters Nidhard und seinem Weib recht schwer, da es in deren Umgebung nicht wenige gibt. Deshalb zogen sie einen Geistlichen zu Rate. Dieser schlug vor, die Schenkungsurkunde an einen Pfeil zu befestigen und den Pfeil in die Luft zu schießen. Jenem Kloster, wo er niedergehe, solle Nidhards Reichtum zugutekommen.«

»Also sind wir die Ausersehenen«, entfährt es einem der Mönche.

»Ein Wunder«, meint ein anderer ergriffen.

»Kein Wunder, sondern zweifellos Gottes Wille«, widerspricht ihm Abt Ansbald, blickt nach oben und breitet dankend seine Hände aus. »Der Herr im Himmel hat den Pfeil über viele Berge und Täler hierher nach Prüm geleitet. Lasst uns ein Loblied anstimmen, Brüder, bevor wir mit der Messfeier fortfahren!«

»Wenigstens könnte er sich bei uns für seine Verdächtigung entschuldigen«, flüstert Peter seinem Mitnovizen Paul zu.

»Hast du uns etwas mitzuteilen, Peter?«, schallt des Abtes strenge Stimme durch den Kirchenraum.

»Äh, nein, ehrwürdiger Vater! Ich meine ..., doch: Lob sei dem Herrn! Und natürlich dem edlen Ritter Nidhard!«

Ritter der heiligen Jungfrau

(Kloster Himmerod, Daun)

Zisterzienserkloster Himmerod

Nach getaner Arbeit stützte der alte Mönch sich auf seinen Spaten und betrachtete zufrieden die Gemüsebeete. Zur Hand gegangen war ihm ein junger Novize namens Reinhold. Dieser stand nun neben dem Älteren und ließ seinen Blick ebenfalls über den kleinen Klostergarten schweifen, der von einer milden Frühlingsonne beschienen wurde. Ihre Arbeit hatten die Männer schweigend verrichtet, obgleich Reinhold seit Stunden zahlreiche Fragen auf der Zunge brannten. Zum ersten Mal hatte man ihn zur Gartenarbeit eingeteilt, und schon lange hatte er auf die Gelegenheit gewartet, Bruder Walter endlich einmal näher kennenzulernen. Nun überlegte er fieberhaft, wie er seine Neugier befriedigen könnte, ohne dabei unhöflich oder gar aufdringlich zu erscheinen. Bruder Walter kam ihm zuvor.

»So, das wäre geschafft. Jetzt haben wir uns das Mittagsmahl redlich verdient, findest du nicht? Doch bevor die Glocke uns ins Refektorium ruft – willst du mir nicht offenbaren, was dir auf dem Herzen liegt, mein Sohn?«

»Ihr habt das bemerkt?«, fragte Reinhold errötend.

»Dein verbissener Gesichtsausdruck sagt mehr als tausend Worte. Nun?«

»Ach, es ist nur …« Reinhold suchte nach Worten. »Ich frage mich nur, weshalb ein großer Ritter, wie Ihr einer gewesen seid, zum Klosterbruder geworden ist. Früher habt Ihr Ruhm und Ehre geerntet, und jetzt jätet Ihr Unkraut.«

Der Alte seufzte leise. »Glaubst du denn, dass ein Sieg auf dem Turnierfeld gottgefälliger ist als das Werk, das wir hier in diesem Garten verrichten?«

»Ihr wart der Beste«, überging der Novize Walters ernste Worte. »Mein Vater hat mir einmal erzählt, dass er als Kind so werden wollte wie Ihr. Jeder wollte das. Auf dem Turnierfeld zu Daun habt Ihr einmal zwanzig Gegner an einem einzigen Tag in den Staub geschickt.«

»Ja, durch die Hilfe der heiligen Jungfrau.«

»Ich weiß, dass Ihr ein glühender Verehrer der Gottesmutter seid. Aber es war *Eure* Lanze, die die Gegner aus ihren Sätteln stieß, nicht die der himmlischen Frau!«

Bruder Walter starrte nachdenklich in die Ferne.

»Wisst Ihr eigentlich, dass die Leute noch heute von Euren großen Siegen sprechen?«, fuhr der Novize fort. »Die Spielmänner in den Wirtshäusern besingen noch immer Eure Kämpfe. Kennt Ihr eigentlich dieses Lied:

Zwanzig wack're Recken
mussten die Waffen strecken.
Niemand sich im Sattel hält,
wenn Walter seine Lanze fällt!«

»Eine nette Melodie«, erwiderte der alte Mönch lächelnd. »Schade nur, dass der Text des Liedes nicht der Wahrheit entspricht.«

»Mit Verlaub, Bruder, Ihr solltet nicht so bescheiden sein. Jedermann weiß, was damals geschehen ist. Und mein Vater hat es mit eigenen Augen gesehen!«

»Mein Sohn, der Ruhm der Menschen ist ja so vergänglich. Das Himmelreich erkämpft man sich nicht durch Siege auf Schlachtfeldern oder Turnierplätzen. Und was jenen fernen Tag in Daun angeht: Ich will dir erzählen, was damals wirklich geschah!«

»Was wirklich geschah?« Reinhold schüttelte lachend den Kopf. »Eure Bescheidenheit mag Euch ehren, doch Ihr könnt nicht abstreiten, dass es der Tag Eures größten Triumphes war. Ich weiß genau …«

»Nichts weißt du!«, unterbrach ihn der Ältere unwirsch. »Schweig und höre!«

Walters alterstrübe Augen schienen ins Leere zu blicken, als seine Gedanken in die Vergangenheit tauchten. »Es war ein brütend heißer Sommermorgen«, begann er, »als ich mit ein paar Gefährten nach Daun aufbrach, um an jenem Turnier teilzunehmen. Unterwegs ritten wir durch ein Dorf, wo die Glocken der Kirche gerade zum Gottesdienst läuteten. Ich beschloss die Messe zu hören, um mir den Beistand der Gottesmutter zu erbitten. Meine Gefährten aber glaubten, das Turnier zu versäumen, wenn sie ebenfalls die Messe besuchten, also ließ ich sie ziehen und versicherte ihnen, sie bald wieder einzuholen. Doch es sollte ganz anders kommen. Da mein Pferd zu lahmen begann, erreichte ich den Turnierplatz erst am späten Nachmittag. Die Wettkämpfe waren schon fast beendet und ich fragte die Leute, wer denn der Beste gewesen sei. Einhellig antworteten sie: ›Der Herr Walter von Birbach! Ach, den hättet Ihr sehen sollen!‹«

»Ich verstehe nicht«, stammelte Reinhold verwirrt. »Habt Ihr nicht gerade noch behauptet, dass Ihr zu spät gekommen seid?«

»Du hast richtig gehört, mein Sohn. Offenbar gab es einen Doppelgänger, der unter meinem Wappen für mich kämpfte.«

»Ein Doppelgänger? Wer ist es gewesen?«

»Das, mein Sohn, habe ich mich natürlich zunächst auch gefragt. Bis es mir endlich wie Schuppen von den Augen fiel.«

»Und? Wer war es? Bitte, spannt mich nicht länger auf die Folter!«

Ein seliges Lächeln flog auf das faltige Gesicht des alten Mönches. »Ich hatte um ihren Beistand gebeten«, erklärte er, »und sie hat ihn mir gewährt.«

Die Kinnlade des Novizen fiel nach unten. »Wollt Ihr damit etwa sagen, dass die himmlische Jungfrau für Euch in den Kampf geritten ist?«

Die Glocken der Klosterkirche begannen zu läuten. »Komm«, sagte Walter und legte eine Hand auf die Schulter des Entgeisterten. »Wir wollen essen gehen.«

Die Pestflamme

(Dudeldorf)

So wie die meisten anderen Orte der Eifel wurde auch Dudeldorf in vergangenen Zeiten des Öfteren von der Pest heimgesucht. Eine besonders heftige Welle der todbringenden Krankheit erreichte den Ort im 17. Jahrhundert. Die Leute lebten in ständiger Angst, wagten sich kaum noch auf die Straße. Es konnte geschehen, dass man morgens noch gesund und munter aus dem Bett stieg und abends bereits tot unter der Erde lag. Kein Arzt kannte ein Mittel gegen das große Sterben, kein noch so inbrünstiges Gebet vermochte den Verlauf der Krankheit zu beeinflussen. Der Schwarze Tod, wie die Pest im Volksmund genannt wurde, verschonte niemanden, weder Mann noch Frau, weder Arm noch Reich, weder Protestant noch Katholik. Gelehrte versuchten der Ursache des Schwarzen Todes auf den Grund zu gehen, doch ihr Forschen blieb vergebens. Manche Menschen sprachen von einer Strafe des Himmels für die Sünden der Menschheit, für die ständigen Kriege, die sie gegeneinander führten, was immerhin eine Erklärung dafür sein mochte, warum der Not mit Gebeten und Wallfahrten nicht beizukommen war. Andere behaupteten, ein blaues Flämmchen sei für das große Sterben verantwortlich. So mancher wollte beobachtet haben, wie es auf den Dächern tanzte, durch die Gassen schwebte und in Häusern verschwand, in denen tags darauf die nächsten Opfer zu beklagen waren.

Auch der alte Gerber Laurentius hatte die Flamme mehrmals gesehen. Eines Tages beschloss er, dem blauen Scheusal nachzujagen, um seinem Treiben ein Ende zu bereiten, und er verkündete seine Absicht jedem, der ihm Gehör schenkte. Abends schritt er entschlossen aus dem Haus. Verzweifelt versuchte seine Frau noch, ihn zurückzuhalten, doch Laurentius war fest entschlossen, es zu tun. Als er gegen Mitternacht wieder nach Hause kam und in das sorgenvolle Gesicht seiner Frau schaute, nahm er sie sanft in den Arm und flüsterte: »Sei unbesorgt, es ist vorbei.«

Und tatsächlich, augenblicklich hatte das große Sterben ein Ende.

*

Sieben Jahre später

Laurentius war, wie so oft in letzter Zeit, der letzte Gast im Dudeldorfer Wirtshaus. Seit dem Tod seiner Frau vor zwei Jahren plagte ihn die Einsamkeit. Bei einem Humpen Bier und dem Geplauder mit Trinkgenossen ließen die Abende sich einfacher totschlagen. Es ging bereits auf Mitternacht zu und die anderen Gäste hatten das Wirtshaus längst verlassen. Der Wirt verschränkte die Arme und betrachtete seufzend den alten Mann, den vor die Tür zu setzen, er einfach nicht über sich brachte. Also fasste er sich ein Herz und setzte sich, wie so manches Mal schon, zu ihm an den Tisch.

»Laurentius! Glaubst du nicht auch, dass du in letzter Zeit zu viel trinkst?«

»Seit wann stört sich ein Wirt daran, wenn seine Gäste trinken? Hol mir lieber noch ein Bier – nein: Bring mir Schnaps! Ich brauch noch einen Schnaps, bevor ich nach Hause gehe.«

Die Tatsache, dass sein später Gast sich gedanklich nun doch schon mit dem Heimweg beschäftigte, ließ den Wirt tun, was ihm aufgetragen worden war. Nach einem Becher Schnaps würde Laurentius sicher einsehen, dass er nicht die ganze Nacht hier sitzen konnte.

»Noch einen«, sagte der alte Mann, nachdem er den Schnaps getrunken hatte.

»Laurentius! Das ist nicht gut für dich!«

»Noch einen!«, beharrte der andere ungehalten. »Mach schon, dann will ich dir auch das Geheimnis verraten.«

»Das Geheimnis?« Der Wirt horchte auf. Jeder in Dudeldorf wusste, dass Laurentius einst den Schwarzen Tod vertrieben hatte. Doch niemand wusste, *wie* er es angestellt hatte.

»Du willst mir wirklich verraten, wie du damals den Schwarzen Tod verjagt hast?«

»Ja, ja, das will ich. Und jetzt hol mir den Schnaps!«

Dieser Verlockung konnte der Wirt nicht widerstehen. Schon mancher hatte versucht, Laurentius zur Preisgabe seines Geheimnisses zu bewegen, doch der alte Mann hatte niemandem auch nur ein Sterbenswörtchen verraten, allenfalls seiner Frau, doch die weilte ja inzwischen auch nicht mehr unter den Lebenden. Nun hatten Bier und Schnaps Laurentius' Zunge offenbar gelockert. Der Wirt, nicht mehr, aber auch nicht weniger neugierig als die meisten anderen Dudeldorfer, würde es sich nie verzeihen, wenn er Laurentius' Offerte einfach ignorierte. Er holte neuen Schnaps herbei, setzte sich wieder zu seinem Gast und sah ihn auffordernd an.

Laurentius trank und stierte in den Becher.

»Und?«, fragte der Wirt ungeduldig.

»Was, und?«

»Das Geheimnis!«

»Ach, das«, stöhnte Laurentius.

»Du hast versprochen, es mir zu erzählen. Willst du vielleicht dein Wort brechen?«

»Nein, das will ich nicht«, winkte Laurentius mürrisch ab. »Also, hör mir zu ... An jenem Abend«, begann er mit müder Stimme, »ging ich auf die Straße und hielt Ausschau nach der Pestflamme, die seit dem Ausbruch der Krankheit ihr Unwesen in Dudeldorf trieb. Nach einer Weile sah ich sie, tanzend vor dem Tor einer Scheune ...«

»Es ist wirklich wahr?«, wunderte sich der Wirt. »Die Geschichte mit der Pestflamme, meine ich.«

»Merk dir, ich erzähle dir kein Märchen, sondern das, was sich damals zugetragen hat. Verstanden?«

»Verstanden«, erwiderte kleinlaut der Wirt, der sich über sich selbst ärgerte, da er den Redefluss des anderen durch seinen erstaunten Einwurf unterbrochen hatte. Laurentius aber fuhr fort:

»Ich sah die Flamme vor dem Tor und lief wütend auf sie zu. Flugs verschwand sie in der Scheune, und ich hinterher. Sie wollte mich offenbar zum Narren halten, denn immer,

wenn ich glaubte, sie zu packen zu können, huschte sie geschwind wie der Wind davon. Nach einer Weile verließ sie die Scheune. Wahrscheinlich glaubte das höllische Ding, ich würde meine Jagd nun beenden, doch da hatte es sich getäuscht. Ich verfolgte es weiter, durch den ganzen Ort, ließ es nicht einen Moment lang aus den Augen. Plötzlich verschwand es in einem Mauerloch.« Laurentius' ernstes Gesicht verzog sich zu einem matten Grinsen. »Die Flamme glaubte wohl, ich hätte sie nicht entschwinden sehen, und nun heckte sie neue finstere Pläne aus. Ich aber ergriff einen Klumpen Lehm, näherte mich mit leisen Schritten der Mauer, stieß den Lehm in das Loch, klemmte noch einen Stein hinein und wartete. Nichts geschah, nicht an jenem Abend, noch an einem späteren Tag. Seit sieben Jahren ist die Pestflamme gefangen in jenem Mauerloch!«

»Das ... das glaube ich dir einfach nicht«, stammelte der Wirt. »Die Pest gefangen in einem Mauerloch?«

»Wenn ich's dir doch sage«, brummte Laurentius.

»Guter Freund, nimm's mir nicht übel, aber ich glaube, du hast nun wirklich genug getrunken.«

»Willst du etwa behaupten, ich erzähle wirres Zeug?«

»Na ja ...«

»Ich bin nicht betrunken, das kannst du mir glauben.«

»Man muss nicht voll wie ein Ochsentreiber sein, um anderen einen Bären aufzubinden.«

»Jetzt reicht's mir!« Die Faust des Alten fuhr krachend auf den Tisch. »Ich bin kein Lügner!«

»Wenn ich dir glauben soll, musst du mich schon zu der Stelle führen, wo die Flamme gefangen sitzt«, sagte der Wirt und spreizte die Hände.

Schnaufend vor Wut erhob sich Laurentius, sodass polternd sein Hocker umkippte. »Also gut, dann komm mit!«

Die Nacht war klar und mild, und bis auf den alten Laurentius und den Wirt lagen die Dudeldorfer längst im Tiefschlaf. Hier und da stoben ein paar Katzen umher. Die beiden nächtlichen Wanderer bewegten sich auf leisen Sohlen, um niemanden zu wecken, erst recht nicht die schlafenden Hunde.

»Hier ist es«, flüsterte Laurentius, als sie den letzten Hof der Ortschaft erreicht hatten. Er deutete auf das Mauerwerk neben dem Torbogen.

Der Wirt war's immer noch nicht zufrieden. »Zeig mir die genaue Stelle.«

Laurentius besah sich grübelnd die Mauersteine. »Ah, dort war's. Siehst du den Stein und den Lehm? Ja, dort war's.«

»Ja, ich sehe es. Aber das ist noch lange kein Beweis für die Geschichte, die du mir aufgetischt hast.«

»Verflucht, was willst du? Soll ich den Lehm etwa herauskratzen, damit du mir glaubst?«

»Warum denn nicht?«

»Willst du, dass die Flamme entkommt und erneut ihr Unwesen treibt?«

»Du brauchst ja nur ein bisschen Lehm herauszukratzen – nur so viel, dass ich hineinlinsen kann. Und danach stopfen wir es wieder zu.«

»Als ob das so einfach wäre. Aber gut, wenn du mir versprichst, niemandem dieses Geheimnis zu verraten ...«

»Ich verspreche es!«

Laurentius kniete nieder und begann vorsichtig zu kratzen. Neugierig spähte der Wirt über die Schulter des alten Mannes, der ein paar leise Flüche vor sich hinmurmelte.

Plötzlich flammte es grell auf. Für einen Moment lang waren die Männer wie geblendet, und als sie wieder sehen konnten, erblickten sie die blaue Flamme. Wie eine große leuchtende Spinne schwang sie sich von Haus zu Haus, kroch Mauern und Firste entlang, und verschwand schließlich in einem der Häuser.

Am nächsten Morgen erfuhren sie von neuen Opfern des Schwarzen Todes. Das Sterben fing wieder an.

*

Es wird gesagt, dass der alte Gerber sich ein zweites Mal auf die Jagd nach dem Pestflämmchen gemacht hat. Auf den Äckern bei Kallen soll er es endlich gefasst und an ein Kreuz am Wegesrand festgenagelt haben. Seit der Stunde erst hatten die Dudeldorfer endgültig Ruhe vor der Pest.

Die Parade der Ziegen

(Bitburg)

Vor den Toren Bitburgs, um 1630

Der schwedische Offizier, der in das Zelt seines Kommandanten trat, zog ein Gesicht, als habe er sauren Wein getrunken.

»Gustaffson! Was ist geschehen? Ist dir deine Schwiegermutter begegnet?«, begrüßte ihn der Kommandant lachend.

»Ihr solltet herauskommen und Euch etwas ansehen«, entgegnete Gustaffson düster.

Der Kommandant beschattete seine Augen und folgte dem Blick seines Hauptmannes. Es dauerte eine Weile, bis er begriff, dass die laut meckernden Tiere, die er auf den Mauern der belagerten Stadt sah, keinesfalls Hirngespinste waren.

»Verflucht und zugenäht, das sind doch Ziegen!«

»Und zwar eine ganze Menge«, setzte Gustaffson hinzu. »Ich habe allein über hundert gezählt. Die Bitburger lassen sie wie Wachsoldaten über ihre Wehrgänge spazieren.«

»Und ich habe gedacht, wir hätten sie bald ausgehungert.«

»Das dachten wir alle, Kommandant. Doch offenbar haben diese katholischen Schlangen uns getäuscht.«

»Mit großem Erfolg, wie ich zugeben muss.« Der Kommandant kratzte sich am Kinn und dachte nach. »Lagebesprechung in meinem Zelt!«, befahl er schließlich. »Lasst alle Offiziere zusammenrufen, Gustaffson!«

»Der Feind besitzt mehr Nahrungsmittel, als wir es alle für möglich gehalten hätten«, erklärte der Kommandant den versammelten Männern. »Auf den Mauern tummeln sich mehr Ziegen als Hornissen in einem Nest. Und diese Bitburger machen sich einen Spaß daraus, uns klar und deutlich vor Augen zu führen, dass sie einer Belagerung noch wochenlang standhalten können.«

»Es müssen eben schwerere Kanonengeschütze her«, schlug einer der Hauptleute vor. »Dann könnten wir dieser Belagerung endlich ein Ende machen.«

Seufzend schüttelte der Kommandant den Kopf. »Die Geschütze, so ließ man mir erst gestern mitteilen, werden im Augenblick woanders gebraucht. Darauf können wir nicht zählen. Und zu Verhandlungen sind die Bitburger nicht bereit. Ich sehe nur eine Lösung.«

Alle sahen ihn erwartungsvoll an.

»Ein Sturmangriff?«, fragte Gustaffson.

»Sind wir Selbstmörder oder Soldaten? Nein, wir werden die Belagerung abbrechen und uns anderswo für den König nützlich machen«, verkündete der Kommandant entschlossen.

*

Bitburg, hinter den Mauern

»Sie brechen ihre Zelte ab!« Der Bursche glaubte seinen Augen nicht zu trauen. »Seht euch das an, sie brechen tatsächlich ihre Zelte ab!«

Augenblicklich stürmten Dutzende weiterer Männer herbei und spähten über die Brüstung der Mauer.

»Er hat Recht«, murmelte einer nach dem anderen. Ihre Ungläubigkeit wich allmählich einer ausgelassenen Freude. »Diese verdammten Schweden suchen das Weite. Wir haben sie genarrt!«

»Still, Männer«, mahnte sie ein herbeigeeilter Ratsherr. »Am Ende hören sie euch noch und werden merken, dass alles nur eine Finte war. Für Jubelstürme ist hinterher noch Zeit genug.«

Man beherzigte seinen Rat und blieb vorläufig besonnen. Immer mehr Bitburger eilten zu den Mauern und beobachteten den Abzug der schwedischen Truppen. Auch die Bürgermeister hatten sich eingefunden. Am Abend, so ließen sie den überglücklichen Bürgern verlauten, würde es ein großes Freudenfest geben.

Auch die Tatsache, dass die Vorräte weitgehend aufgebraucht waren, hielt die Bitburger nicht davon ab, die Bürgermeister beim Wort zu nehmen und den Marktplatz am Abend für ein stattliches Fest herzurichten. Die Not hatte ein Ende, schon morgen würden die Bauern und Händler in die Stadt zurückkehren können und der drohenden Hungerplage ein vorzeitiges Ende bereiten.

Musikanten spielten auf. Man tanzte ausgelassen die ganze Nacht hindurch und gedachte der Schweden in schadenfrohen Liedern.

Den Höhepunkt aber erreichte das Fest gegen Mitternacht, als die jungen Burschen der Stadt unter dem begeisterten Beifall der Leute auf der Tanzfläche erschienen. Sie trugen Felle aus Ziegenfell und krochen auf allen Vieren umher, meckerten munter um die Wette und hielten in ihren Händen Stöcke, auf denen die gehörnten Köpfe der längst geschlachteten Tiere steckten.

Drei Schwestern auf der Flucht

(Auw a. d. Kyll)

um 635 A.D.

Der weitgereiste Kaufmann staunte nicht schlecht, als er an der Tafel Dagoberts Platz nahm. Dass der junge Frankenkönig ein Lebemann war und ein Dasein in Saus und Braus führte, war allgemein bekannt, doch die Menge der Speisen, die hier aufgetischt wurden, hätten selbst für ein Dutzend Bankette gereicht. Zudem war der König gut gelaunt. Längst hatte er die Tischgespräche auf sein Lieblingsthema gelenkt: die Schönheit der Frauen.

»He, Kaufmann!«, rief er, langte nach einem Pfauenschenkel und tunkte ihn in eine Sauce. »Ihr seid doch viel umhergekommen! Sagt mir, wo gibt es die schönsten Weibsbilder in meinem Reich?«

Der Kaufmann brauchte nicht lange nachzudenken: »Ohne Zweifel, in Mans, mein König. Dort leben drei Jungfrauen, es sind Schwestern. Niemals habe ich schönere Frauen in meinem Leben gesehen. Nur: Leider sind sie bereits vergeben!«

»Vergeben? An wen?«

»An den lieben Gott, mein König. Die drei sind nämlich Klosterfrauen!«

»Du liebe Güte«, stieß Dagobert weinselig aus, »das nenne ich pure Verschwendung. Sie sind vergeben, sagt Ihr? Pah, das wollen wir doch mal sehen. Bin ich der König oder nicht?« Er winkte den Hauptmann seiner Garde herbei. »Nimm dir ein paar Männer und reite nach Mans. Ich will, dass du mir diese drei Weibsbilder herbringst. Aber beeile dich, ich bin nämlich sehr gespannt, ob der Kaufmann die Wahrheit gesprochen hat.«

Dagoberts Tafelgenossen klatschten grölend in die Hände, während der Kaufmann unbehaglich auf seinem Stuhl hin- und herrutschte.

»Ihr wollt die Klosterfrauen an den Hof holen?«

»Warum denn nicht?« Dagobert sah Beifall heischend in die Runde. Wieder applaudierte man ihm.

Der Kaufmann lächelte gequält. »Ach, so einfach ist das?«

»So einfach«, bestätigte Dagobert und bleckte grinsend die Zähne. »Wenn man König ist!«

*

»Mein König, die Frauen – sie sind da!«

Dagobert saß auf seinem Thron und betrachtete ein paar Schmuckstücke, legte sie aber in eine Schatulle zurück, als der Hauptmann seine Meldung gemacht hatte.

»Führe sie herein!«

Sie betraten den Saal. Ihre Schritte waren langsam und zögernd; verunsichert blickten sie um sich. Sie trugen die dunkle Tracht von Ordensfrauen und ihre Gesichter lagen im Schatten ihrer Schleier verborgen.

»Nur keine Scheu«, sagte der König und forderte sie mit einer lässigen Handbewegung auf, vor seinen Thron zu treten. Die Nonnen gehorchten.

Dagobert musterte die Frauen eingehend. »Wie man mir antrug, ist Eure Schönheit legendär, meine Damen. Warum offenbart ihr sie mir nicht?«

Die drei schwiegen und starrten betreten zu Boden. Der König griff nach der Schmuckschatulle und holte einen golden glänzenden Ring hervor, an dem ein bunter Edelstein prangte. »Seht her, ist das nicht ein Prachtstück? Ich habe reichlich davon. Und edle Broschen. Und Halsketten. Alles, was Frauenherzen begehren. An meinem Hof sollt ihr leben wie im Paradies.«

»Wir sind nicht interessiert an irdischen Schätzen, Herr«, erwiderte eine der Nonnen leise, »und unser Paradies befindet sich nicht an diesem Hof.«

»So? Das werden wir noch sehen. Wie lauten Eure Namen?«

»Unsere Namen? Sie werden Euch bekannt vorkommen.«

»Für Rätsel fehlt mir im Augenblick die Lust, meine Schönheiten. Also, wie heißt Ihr?«

»Wir heißen Adela, Clothildis und Irmina!«

»Was?« Die Kinnlade des Königs klappte nach unten. »Nehmt die Schleier ab!«, befahl er schließlich. Als die drei nicht gehorchten, winkte Dagobert seinen Hauptmann herbei, der im Hintergrund mit verschränkten Armen auf Befehle wartete. »Reiß ihnen diese verdammten Schleier vom Kopf!«

Der Hauptmann tat, wie ihm geheißen; reglos ließen die drei es geschehen. Endlich erhellte der Schein der Fackeln nun ihre ebenmäßigen Gesichter.

»Ihr ... ihr seid es wirklich?«, stammelte Dagobert.

»Ja, mein Bruder, wir sind es: deine Schwestern!«

Die Wortführerin der jungen Nonnen, Adela, sah dem König fest in die Augen. »Leider stellen wir fest, dass dein Verhalten weder königlich noch gottesfürchtig ist, Bruder. Die Geschichten, die man sich über dich erzählt, scheinen der Wahrheit zu entsprechen.«

Dagobert hatte sich wieder gefasst und ignorierte den Tadel der Schwester. »Ihr wart meine Lieblingschwestern«, beteuerte er. »Ihr seid in das Kloster zu Mans eingetreten? Ja, ich erinnere mich. Ach, es war eine wahre Schande für die Männerwelt ...«

»Wir würden gerne in unser Kloster zurückkehren, aus dem du uns gewaltsam hast herholen lassen«, erklärte Adela eisig.

»Aber warum denn? Bleibt hier an meinem Hof und vergesst eure Gelübde. Königliches Blut fließt in euren Adern. Wisst ihr eigentlich, dass ich euch als Knabe heiraten wollte? Nicht nur eine von euch, sondern alle drei!« Er lachte, dass es noch lange durch den Saal hallte. »Aber das kann man ja nachholen!«

»Wir sind deine Schwestern«, widersprach Adele erbleichend. »Unser Leben haben wir Gott geweiht.«

»Und ich bin der König. Ich kann tun und lassen, was mir gefällt. Wenn ich eine meiner Schwestern zum Kebsweib nehmen will – wer kann es mir verbieten?«

»Nie und nimmer werden wir dir zu Willen sein. Wir sind Bräute unseres Herrn Jesus Christus. Ihm allein gilt unsere Treue!«

»Das werden wir sehen«, zischte Dabobert und schmiss wütend den Ring, mit dem er seine Schwestern vergeblich hatte locken wollen, gegen die Wand, wo er klimpernd zu Boden fiel und sich noch eine Weile um die eigene Achse drehte. »Hauptmann, wirf die drei Schönheiten in den Kerker! Ich bin sicher, dass sie es sich bald anders überlegen werden.«

*

»Mein König!«

Dagobert spürte, wie jemand sanft an seiner Schulter rüttelte.

»Mein König, wacht auf!«

Schlaftrunken öffnete Dagobert die Augen und sah die Gestalt, die sich über ihn beugte. »Es ist mitten in der Nacht, Hauptmann«, knurrte er.

»Aber Eure Schwestern ...«

Mit einem Mal war der König hellwach und setzte sich aufrecht. »Was ist mit ihnen?«

»Sie sind fort – geflohen!«

»Geflohen?«, brüllte der König. »Was soll das heißen? Wie konnte das geschehen?«

Der Hauptmann senkte unterwürfig den Kopf. »Jemand hat sie aus dem Kerker befreit, mein König.«

»Welcher Jemand? Wer ist der Verräter?«

»Ein Kriegsmann namens Norbert, ein Gönner des Nonnenklosters zu Mans. Offenbar hatte er von der Gefangennahme Eurer Schwestern erfahren. Mit einer Handvoll Leuten überrumpelte er die Wachen und befreite die Frauen.«

»Gottverdammte Idioten seid ihr allesamt!« Dagobert raufte sich die Haare und fasste einen raschen Entschluss. »Setzt ihnen nach, auf der Stelle! Bringt sie wieder her! Und diesen Norbert macht einen Kopf kürzer! Mach schon, worauf wartest du noch?«

Der Hauptmann salutierte und verließ mit schnellen Schritten das Schlafgemach des Königs. Ermattet von seinem Zornesausbruch ließ Dagobert sich wieder in die Kissen sinken.

»Adela, Clothildis und Irmina«, flüsterte er. »Warum wollt ihr mich nicht lieben? Warum zieht ihr mir einen Bräutigam vor, der nicht von dieser Welt ist?«

*

Dagobert starrte gedankenverloren aus dem Fenster. Draußen blühte der Frühling, doch er bemerkte es nicht. Seit einer Woche waren die Männer bereits unterwegs, um seinem Befehl nachzukommen. Wo blieben sie nur? Und wo blieben seine Schwestern?

In Gedanken sah er die drei vor sich, immerzu. Er sah ihre schlanken, großen Gestalten, ihre hübschen Gesichter, ihre blauen Augen. Er hörte ihre Stimmen. Und nachts sah er sie in seinen Träumen. Seit einer Woche wartete er ungeduldig auf ihre Rückkehr. Sie würden schon lernen, ihn zu lieben. Er war der König. Sie konnten sich seinem Willen nicht ewig widersetzen. Dieser Kaufmann hatte Recht gehabt: Sie waren die schönsten Frauen des Reiches. Nur ein König durfte sie besitzen. Welche Rolle spielte es schon, dass sie seine Schwestern waren?

Hufgetrappel riss ihn aus seinen Gedanken. In der Ferne sah er einen nahenden Reitertrupp. Bald wurde es zur Gewissheit: der Hauptmann und seine Leute kehrten zurück. Dagoberts Miene verfinsterte sich, als er erkannte, dass sie ohne seine Schwestern kamen.

*

»Mein König, diesen Verräter Norbert konnten wir aufspüren«, beeilte der Hauptmann sich zu versichern. »Ich habe ihm die Lebenslichter ausgeblasen, wie Ihr es befohlen habt …«

»Was interessiert mich dieser Bastard?«, fiel ihm Dagobert unwirsch ins Wort. »Wo sind meine Schwestern?

»Unglücklicherweise hatten sie sich bereits wieder von jenem Norbert getrennt, als wir diesen endlich fanden«, antwortete der Hauptmann kleinlaut.

»Das darf nicht wahr sein. Weiter! Habt ihr sie gesucht?«

»Natürlich, mein König, aber es dauerte ein paar Tage, bis wir ihnen auf die Spur kamen. Im Eifelgebirge fanden wir sie endlich.«

»Aber offenbar habt ihr sie nicht mitgebracht!«

»Nein, mein König. Wir erblickten sie auf einem schroffen Hügel, auf den sie sich vor uns geflüchtet hatten.[1] Eigentlich saßen sie dort in der Falle: Auf beiden Seiten unüberwindbare Abgründe und unten ein breiter Fluss[2] ...«

»Verflucht, und dennoch sind sie euch entwischt, ihr Tölpel. Wie konnte das geschehen?«

»Mein König, wer vermag schon etwas auszurichten gegen höhere Mächte? Wir sahen, wie die Nonnen auf die Knie sanken und ein Stoßgebet Richtung Himmel sandten. Dann bestiegen sie alle den Esel, den sie mit sich führten, ritten hangabwärts auf den Fluss zu und ...« Er schüttelte den Kopf, als könne er immer noch nicht glauben, was er gesehen hatte. »Sie ritten durch den reißenden Fluss. Wir waren sicher, dass die Fluten sie fortschwemmen würden wie trockenes Laub, doch sie gelangten wohlbehalten an das andere Ufer.«

»Und ihr? Was habt ihr getan? Habt ihr sie nicht weiterverfolgt?«

»Drei meiner Männer ertranken in den Fluten, als wir es versuchten, mein König. Die Gunst des Himmels galt offenbar nur den drei Frauen.«

»Geh mir aus den Augen, du Versager!«

Dagoberts Antlitz glich einer Maske aus Stein. Zorn und Leid kämpften in seiner elenden Seele um die Vorherrschaft. Als die Schritte des Hauptmannes verklungen waren, gewann das Leid die Oberhand. »Adela! Clothildis! Irmina!«, schluchzte er. »Warum liebt ihr mich nicht?«

---

1 nahe der heutigen Ortschaft Auw

2 die Kyll

Der Mordgraf

(Vianden)

»Benno, du siehst Gespenster! Du glaubst an diese Gruselmärchen?«

Das Lachen des Ritters von Burscheid schallte durch den Wald. Vögel flatterten aus den Kronen der Bäume. Eingeschnappt ließ der Knappe, der an der Seite seines Herrn ritt, die Mundwinkel hängen.

»Bald wird sich zeigen, ob es wirklich nur Gruselmärchen sind, die man sich vom Grafen erzählt«, presste er hervor. »Doch dann ist es leider zu spät, um umzukehren.«

Der Ritter zügelte sein Pferd und sah seinen Knappen scharf an. Die Belustigung des Burscheiders war einem unverhohlenen Ärger gewichen.

»Du willst ein Ritter werden? Dass ich nicht lache. Machst dir vor Angst in die Hosen, nur weil ein paar geschwätzige Waschweiber diesen Unsinn erzählen.«

Trotzig hielt Benno dem strengen Blick des Ritters stand. »Herr, Ihr wisst selbst, was mit den Bettendorfern geschehen ist. Auch sie folgten einer Einladung des Grafen und kehrten nie zurück.«

»Weil eine Hand voll Mordgesellen ihnen auflauerte.«

»Eben. Und diese Mordgesellen waren Leute des Grafen!«

Das Gesicht des Ritters lief zornesrot an. »Du solltest dich schämen, den Grafen derart zu verunglimpfen.«

»Aber alle Welt denkt so über ihn.«

»Ich nicht. Und auch du solltest nicht auf das Geschwätz dummer Leute hören.«

»Was ist mit dem Hoscheider Baron? Auch ihn fand man tot im Wald, nachdem er am Abend zuvor mit dem Grafen getafelt hatte. Wem, denkt Ihr, hat der Tod des Barons etwas genützt? Doch wohl nur dem Grafen, der sich schon bald seines Gutes bemächtigte.«

»Schweig jetzt, Bursche!«, schrie der Ritter außer sich und ballte eine Faust. »Ich prügel dich windelweich, wenn du deinen unverschämten Mund noch einmal aufmachst. Der Graf ist ein gottesfürchtiger Mensch, wie du es hoffentlich auch bist. Nicht alle Tage erhält man die gräfliche Einladung zu einem Festmahl auf dem Schloss. Es sollte dir eine Ehre sein, mich nach Vianden begleiten zu dürfen. Über deine infamen Unterstellungen reden wir später noch.«

Wütend ritt der Burscheider voran und ließ den zerknirschten Knappen hinter sich.

»Lieber Gott, steh uns bei«, murmelte Benno und warf einen flehenden Blick Richtung Himmel.

*

»Wie ist dein Herr denn so zu dir?«, wollte man von Benno wissen.

Der Knappe des Burscheiders starrte in die Gesichter der anderen Knappen, fünf an der Zahl, die mit ihm am Tisch saßen und um die Wette grinsten. Etwas in ihren grinsenden Gesichtern missfiel Benno. Es war, als weideten sie sich an seiner Unwissenheit. Was wussten sie, was er nicht wusste?

Benno war bemüht, sich seine Verunsicherung nicht anmerken zu lassen. Er nippte an seinem Wein und beantwortete die Frage, die man ihm gestellt hatte.

»Ich bin mit meinem Herrn ganz zufrieden«, sagte er. »Zwar ist er streng zu mir, aber immerhin gerecht.«

»Habt ihr gehört?«, jauchzte einer der Burschen. »Streng, aber gerecht!«

Die anderen lachten rau, was Benno allmählich zornig stimmte. »Weshalb findet ihr das lustig? Wie ist denn euer Herr zu euch?«

»Oh, auch der Graf ist sehr streng. Aber gerecht?«

Wieder begannen sie zu lachen.

»Naja, die Gerechtigkeit in Person sieht wohl anders aus«, fuhr der Bursche fort. »Aber dafür ist er recht freigebig.«

Vielleicht, um euer Schweigen zu erkaufen, wollte Benno erwidern, doch im letzten Moment verbiss er sich die Bemerkung.

»Komm, trink mit uns«, sagte der Bursche und schenkte ihm Wein nach. »Unsere Herren tafeln noch im Rittersaal; sie werden heute gewiss nicht mehr nach uns verlangen.«

Sie prosteten ihm zu. Immer noch funkelte diese merkwürdige Heimtücke in ihren Augen. Benno blieb auf der Hut und ließ so manchen Becher aus.

»Besonders trinkfest scheinst du aber nicht zu sein«, spotteten die Knappen des Grafen.

»Mein Herr hat mich eben zur Mäßigkeit erzogen.«

»Derselbe Herr, der mit dem Grafen gerade um die Wette säuft?«

»Mein Herr säuft nicht.«

»Wirklich nicht? Hört sich ja fast so an, als wäre er ein Heiliger.«

»Weder ein Heiliger noch ein Trunkenbold ist er!«

Gröhlend klopften die Burschen ihre Schenkel. »Was ist er dann? Ein strahlender Held?«

»Warum nicht?«

»Dann warte erst mal ab, was mit deinem strahlenden Herrn bald geschehen wird.«

Stumme, mahnende Blicke trafen den Geschwätzigen, doch Benno tat, als habe er dessen Worte nicht wahrgenommen. Nun war jeglicher Zweifel ausgeräumt. Der Graf führte nichts Gutes im Schilde. Benno nippte abermals an seinem Becher und erhob sich.

»Wohin gehst du?«

»Mein Wasser abschlagen.«

»Welches Wasser? Hast doch so gut wie nichts getrunken.«

»In Wahrheit will der Frömmling wohl in die Kapelle«, frotzelte ein anderer, »um sein Stundengebet zu sprechen.«

Ihr Lachen hallte noch lange nach. Zum Glück hatten sie keinen Argwohn geschöpft. Unverzüglich schritt Benno zum Rittersaal.

Da er dem Grafen gegenüber nicht unhöflich erscheinen wollte, hatte der Burscheider, anders als sein wackerer

Knappe, sich immer wieder aufs Neue den Becher füllen lassen. Allmählich begann der Wein seine Wirkung zu entfalten.

»Was ist los mit Euch, Herr Ritter?«, stichelte der Graf amüsiert und klopfte dem Gast auf die Schulter. »Weshalb schaut Ihr so trübe aus der Wäsche?«

»Euer Wein ist wirklich vortrefflich«, erwiderte der Burscheider, »doch ich fürchte, jetzt habe ich genug getrunken. Der Saal beginnt sich bereits zu drehen ...«

»So muss es auch sein, also keine falsche Bescheidenheit, Herr Ritter!« Der Graf rülpste und winkte eine der Mägde herbei. »Rasch, füll meinem lieben Gast den Becher nach, oder soll er vielleicht verdursten?«

Verschwommen nahm der Burscheider die Gestalt wahr, die sich plötzlich auf ihn zu bewegte. Benno verneigte sich vor dem Grafen, der den Dienstmägden Anweisungen gab und ihn kaum beachtete.

»Benno?«, wunderte sich der Ritter, als er seinen Knappen endlich erkannte.

Benno beugte sich über das Ohr seines Herrn. »Herr, um Himmels Willen, wir müssen augenblicklich von hier verschwinden. Es ist, wie ich vermutete, man will Euch ans Leben!«

»Fängst du schon wieder damit an, Kerl?«

»Ich flehe Euch an, glaubt mir und fragt jetzt nicht. Ich gehe in den Stall, um die Pferde zu satteln. Bitte, folgt mir, so schnell Ihr könnt!«

Da ihn plötzlich der Blick des Grafen traf, verbeugte sich Benno abermals vor dem hohen Herrn und verließ mit eiligen Schritten den Saal.

»Euer Knappe?«, fragte der Graf misstrauisch. »Was wollte er?«

Der Ritter war bemüht, seine wirren Gedanken zu ordnen und verwünschte sich im Stillen selbst. »Nun, er ... er kommt soeben aus dem Stall und behauptet, dass mein Rappe an einer Kolik leidet. Sicher übertreibt dieser Dummkopf wieder maßlos, aber ich werde besser mal nach dem Rechten schauen ...«

Er erhob sich und ging wankend hinaus.

»Kommt rasch wieder zurück!«, rief der Graf ihm nach. »Es wartet schließlich noch eine Überraschung auf Euch!«

Benno hielt schon beide Pferde bereit, als sein Herr an der Stalltüre erschien und ihm mit drohend erhobenem Finger entgegen stolperte.

»Bursche, ich warne dich! Wenn du es wagst, mich zum Narren zu halten, dann ...«

»Niemals würde ich das tun, Herr. Doch nun dürfen wir keine Zeit mehr verlieren. Hier, Euer Pferd. Rasch, die Zugbrücke ist noch offen!«

»Gnade dir Gott, wenn dich der Teufel reitet«, murmelte der Burscheider, tat aber, wozu sein Knappe ihn flehentlich drängte. Kurz drauf flohen Ritter und Knappe durch das Tor in die Nacht hinaus.

Der Ritter zügelte sein Pferd, als sie etwa hundert Schritte weit geritten waren.

»Herr! Wir müssen weiter!«, drängte ihn Benno.

Sein Herr antwortete nicht, sondern starrte düster zurück. Ihre Pferde schnaubten unruhig. In diesem Augenblick erschien unter dem Torbogen eine Gestalt – die des Grafen!

»Ihr wollt schon heimwärts, Herr Ritter?«, rief er.

»Mein Knappe hielt es für eine gute Idee!«, antwortete der Burscheider, der wieder einen halbwegs klaren Kopf besaß.

»Eurem Rappen geht es also besser?«

»Wie ich schon sagte, mein Knappe beliebt zu übertreiben!«

Der Graf schwenkte einen Hut. »Den habt Ihr vergessen! Kommt, und holt ihn Euch!«

»Heilige Jungfrau«, flüsterte der Ritter, als er, nunmehr wieder ganz Kriegsmann, die huschenden Schatten hinter den Zinnen der Mauerbrüstung erblickte. »Das sind Bogenschützen! Benno, verzeih mir. Ich habe dir wohl Unrecht getan. Lass uns schnell von hier verschwinden!«

»Euer Hut!«, rief der Graf abermals.

»Behaltet ihn nur! Ich werde ihn mir zurückholen, wenn Ihr und Euer Mordgesindel einst am Galgen baumelt!«

Mit diesen Worten preschte er davon. Erleichtert folgte Benno seinem Herrn.

Maurus der Böse

(Kues)

Das Grölen des Betrunkenen, der durch die Gassen von Kues torkelte, holte die halbe Einwohnerschaft aus ihrem Schlaf. Hier und dort öffneten sich Fenster, doch Maurus überhörte die Beschwerderufe, die an seine Adresse gerichtet wurden, oder quittierte sie mit hämischem Gelächter, bis es einem Mitbürger schließlich zu bunt wurde und er verärgert sein Nachtgeschirr über den Kopf des unsäglichen Störenfrieds ergoss.

Maurus benötigte eine Weile, bis er kapiert hatte, was ihm widerfahren war. »He!«, rief er und hob eine Faust. »Ich komme gleich hoch und brech' dir sämtliche Knochen, du Wicht.«

»Oh, darauf warte ich nur«, kam es von oben wütend zurück, »doch dann mach dich auf eine gewaltige Abreibung gefasst, Maurus. Fällig wär's ohnehin schon seit langem. Ich bin nicht deine arme Frau, die sich deinen Prügeln wehrlos ergeben muss.«

»Was geht dich meine Frau an?«, lallte der Bescholtene und setzte stolpernd seinen Weg fort. »Alles Idioten«, murmelte er vor sich hin. »Ich wünschte, sie hätten nur einen einzigen Hals, dann würde ich sie ...« Er hielt inne in seinem Selbstgespräch und begann sich die Augen zu reiben, die nach der Attacke des zornigen Mitbürgers fürchterlich zu brennen begonnen hatten. Hatte der Schnaps seine Sehfähigkeiten schon erheblich eingeschränkt, so glaubte er nun völlig zu erblinden. Fürchterlich fluchend tastete er sich voran durch die Nacht.

Am nächsten Morgen fand man seine Leiche in einer Baugrube. Er hatte sich das Genick gebrochen.

*

Der Fremde, der in die Gaststube trat, atmete erleichtert auf, als er den Wirt hinter dem Schanktisch erblickte. »Gott sei Dank«, sagte er, »ich dachte schon, die ganze Stadt sei ausgestorben. Beinahe unheimlich erschien es mir. Ihr seid die erste Menschenseele, die ich antreffe.«

»Nehmt nur Platz und macht Euch keine Sorgen, mein Herr«, erwiderte der Wirt, »die meisten Kueser befinden sich heute Morgen auf dem Kirchhof.«

»Ein Begräbnis?«

Stumm nickte der Wirt. Der Fremde setzte sich an einen der Tische und ließ sich Brot und Wein bringen. Höflich erkundigte sich der Wirt nach seinem Woher und Wohin, und der Fremde erklärte, er sei ein reisender Händler auf dem Wege nach Trier. Sie kamen auf dieses und jenes zu sprechen, bis der Fremde schließlich wissen wollte, wer denn eigentlich zu Grabe getragen werde. Der Wirt nannte ihm den Namen des Verstorbenen.

»Er muss eine angesehene Persönlichkeit dieser Stadt gewesen sein«, vermutete der Fremde, was den Wirt zu einem lauthalsen Lachen veranlasste.

»Pah, Maurus und angesehen? Wo denkt Ihr hin? Er war einer der verrufensten, streitlustigsten Trunkenbolde der Stadt. Niemand konnte ihn leiden. In der Pfingstnacht fiel er endlich betrunken in eine Grube und brach sich den Hals.«

»Seht mir meine Neugier nach, Herr Wirt, aber wenn dieser Maurus ein solcher Unhold war, weshalb haben sich dann sämtliche Bürger aufgemacht, um an seinem Begräbnis teilzunehmen, als würde ein Fürst zu Grabe getragen? Ist das vielleicht praktizierte Nächstenliebe?«

»Ja, das kommt der Sache wohl am nächsten«, erwiderte der Wirt lächelnd, »allerdings keine Nächstenliebe dem Maurus, sondern eher seinem Weib gegenüber. Die Ärmste hat in ihrem Eheleben manches erdulden müssen, vor allem aber Schläge. Alle freuen sich im Stillen für sie, dass sie den Tyrannen endlich losgeworden ist. Umso erstaunlicher ist es, dass sie ihm ein anständiges Begräbnis ermöglicht. Wenn Ihr mich fragt, hätte dieser Maurus es nicht einmal verdient, dass man ihn in die Mosel wirft. Aber seine Witwe hat nun mal ein gutes Herz, trotz all der Schändlichkeiten, die Maurus ihr angetan hat.«

In diesem Augenblick flog die Tür zur Gaststube auf, und an der Schwelle erschien ein halbes Dutzend weißgesichtiger Gestalten.

»Was ist denn mit euch passiert?«, fragte der Wirt beunruhigt.

Die Männer traten ein und ließen sich ermattet auf ein paar Hocker plumpsen. »Du wirst nicht glauben, was wir eben gesehen haben«, verkündete einer.

»Was denn? Ihr seht ja aus, als sei euch das Pestflämmchen begegnet.«

»Bring uns was zu trinken. Kein Bier, keinen Wein – bring uns Schnaps, den brauchen wir auf diesen Schreck.«

Der Wirt tat, wie ihm geheißen und brachte ihnen das Verlangte. »Hier, euer Schnaps, den ihr so dringend benötigt. Werdet ihr mir nun endlich erzählen, was ihr gesehen habt, oder muss ich weiterraten?«

Gierig stürzten sie den Inhalt der Becher ihre Kehlen hinab, bevor einer endlich zu erzählen begann.

»Wir kommen soeben von der Beerdigung des Maurus – der Herrgott möge ihn in der Hölle schmoren lassen. Nachdem der Tunichtgut endlich unter der Erde war, beschlossen wir, seine Frau nach Hause zu begleiten, als Zeichen unserer Anteilnahme – nicht etwa für den Verlust ihres Mannes, dem niemand eine Träne nachweint, sondern für den Kummer, den sie lange Jahre ertragen musste.« Er trank einen weiteren Becher, bevor er auf solche Weise gestärkt in seiner Erzählung fortfuhr: »Als wir das Haus der Witwe schließlich erreichen, glauben wir unseren Augen nicht zu trauen. Wer, glaubst du, sitzt dort grinsend und Grimassen schneidend im Fenster, als wolle er sich über uns lustig machen? Maurus! Kannst du dir unser Entsetzen vorstellen? Immerhin besitzt seine Frau die Geistesgegenwart, drei Kreuze zu schlagen, und – Buff! – schon löst Maurus sich wieder in Luft auf. Ein böser Spuk am hellichten Tag. Aber ist es ein Wunder, dass der Geist dieses Schurken nicht zur

Ruhe kommen will? Sicherlich werden wir noch einiges von ihm zu sehen bekommen.«

Der Wirt schüttelte fassungslos den Kopf. »Habt Ihr das gehört?«, wandte er sich an den Fremden. »Ein ruheloser Geist, mitten in unserer Stadt. Was sagt man dazu?«

Der Reisende war inzwischen genauso blass wie die Zeugen des unheimlichen Vorfalles. »Mein erster Eindruck hat mich nicht getrogen«, sagte er schaudernd und griff mit zitternder Hand nach seinem Geldbeutel. »Hier scheint es nicht mit rechten Dingen zuzugehen. Sagt mir, was ich Euch schulde, Herr Wirt. Ich habe das dringende Bedürfnis, diese Stadt unverzüglich zu verlassen.«

Fatale Neugier

(Mehring)

Ganz Mehring scheint auf dem Kalvarienberg versammelt zu sein. Endlich erfährt der Alltag der Leute noch einmal eine Abwechslung, liegt doch die letzte Hinrichtung schon mehr als drei Jahre zurück. Mit gruseliger Spannung erwartet man die Ankunft des Schinderkarrens, der den Verurteilten zur Richtstätte bringen wird.

»Sie kommen!«, schreit ein herbeistürmender Bengel.

Köpfe recken sich. Man macht eine Gasse frei für das sich nähernde rumpelnde Gefährt. Auf ihm sitzt gefesselt ein junger Mann, neben ihm ein Geistlicher, der sanft auf ihn einredet. Da der Delinquent seinen Blick ausgiebig über die versammelte Menge schweifen lässt, bleibt es dahingestellt, ob er den tröstenden Worten des Priesters tatsächlich lauscht.

»Der hat Nerven«, raunt einer der Zuschauer, ein Mann namens Spinner. »Gafft sich die Augen aus dem Kopf, während dort vorne der Galgen auf ihn wartet.«

Spinners Frau kaut nervös an ihren Fingernägeln. »Wie mag es dem wohl jetzt zumute sein?«, fragt sie schaudernd.

»So frech wie der dreinguckt, kann es mit seiner Reue nicht weit her sein.«

»Womöglich ist er ja unschuldig?«

»Von wegen. Er war der Anführer einer Mordbande, also geschieht ihm kein Unrecht. Wie sich ein solcher Mensch im Angesicht des Todes fühlen mag, wüsste ich allerdings auch nur zu gerne.«

In diesem Augenblick begegnet er dem Blick des Delinquenten. Der Strolch starrt ihn an, als habe er ihm jedes Wort von den Lippen abgelesen. Spinner kratzt sich unbehaglich das Kinn.

»Was hat er?«, fragt seine Frau beunruhigt. »Warum sieht er dich so an? Kennst du diesen Mann vielleicht?«

»Unsinn«, erwidert Spinner entrüstet. »Ich gebe mich doch nicht mit Gesindel ab.«

Der Henker führt den Verurteilten auf das Galgengerüst. Der Priester spricht ein letztes Gebet. Atemlose Stille breitet sich aus, als der Henker die Schlinge um den Hals des Sünders legt. Nur noch wenige Augenblicke, und der Tod wird sich seiner bemächtigen. Mütter halten ihren Kindern die Augen zu.

»Warte, Henker!«, ruft der Verurteilte plötzlich laut und vernehmlich.

»Was ist denn?«, brummt der Henker verärgert.

»Ich habe noch etwas zu bekennen!«

»Was immer du auch bekennen magst – an deinem Urteil wird es nichts mehr ändern.«

»Das mag sein«, sagt der Todgeweihte, »aber es wird neben mir noch einen weiteren Schurken der Gerechtigkeit überführen. Daran liegt Euch doch auch, oder nicht?«

Ratlos hält der Henker Ausschau nach dem Richter. Endlich tritt dieser aus der Menge hervor und erklimmt das Galgengerüst. Vor dem Bösewicht bleibt er schnaufend stehen.

»Was willst du?«

»Ich habe es gerade gesagt. Ein Bekenntnis will ich noch ablegen.«

»Recht spät, findest du nicht?«

»Besser spät als nie.«

»Also gut. Was hast du noch zu sagen?«

»Bei meinen Untaten hatte ich einen Gehilfen. Seinen Namen habe ich Euch bis heute verschwiegen. Im Angesicht des Todes habe ich es mir anders überlegt. Vielleicht rechnet mir der göttliche Richter meine Ehrlichkeit ja an.«

»Soso. Und wer ist dieser Gehilfe, von dem du sprichst?«

Der Delinquent deutet mit dem Kinn auf einen Mann in der Zuschauermenge. »Der da!«

Bald wird unzweifelhaft deutlich, wen er meint. Den Leuten stockt der Atem. »Spinner!«, murmeln einige überrascht.

»Ja, Spinner!«, bestätigt der Verurteilte. »Er war meine rechte Hand und tat alles, was ich ihm auftrug.«

Spinner ist leichenblass geworden. Sein Mund steht weit offen, doch die Behauptung des Galgenvogels hat ihm die Sprache verschlagen. Spinners Frau wirft hilflose Blicke in alle Richtungen. Offenbar erlaubt man sich mit ihrem Gatten einen üblen Scherz. Die Umherstehenden sind vor ihnen zurückgewichen.

»Rasch, ergreift den Mann«, befiehlt der Richter einigen Bütteln. Noch bevor Spinner seine Sprache wiedergefunden hat, sieht er sich in Fesseln gelegt.

»Die Hinrichtung wird vertagt!«, verkündet der Richter lauthals. »Der Fall muss neu aufgerollt werden!«

*

Ein Albtraum.

Ein finsteres Loch. Feuchte, kalte Wände. Ratten. Am schlimmsten aber ist das Bewusstsein, dass Gott ihn verlassen hat.

Warum diese Strafe? Warum diese Lügen? Spinner findet keine Antworten. Maßlose Verzweiflung erfüllt ihn. Die Welt hat sich gegen ihn verschworen.

Ja, es stimmt, er hat öfter in diesem verrufenen Wirtshaus verkehrt, da es nicht weit von seinem Haus entfernt liegt. Aber ist er deshalb der Handlanger dieses Mörders, der ihn aus unerfindlichen Gründen der Mittäterschaft bezichtigt? Und all diese Zeugen, die plötzlich gegen ihn aussagen! Angeblich haben sie ihn immer schon für einen undurchsichtigen Menschen mit einem zweifelhaften Charakter gehalten. Und plötzlich sieht man Zusammenhänge, die zuvor niemand gesehen hat ...

Spinner kann leugnen, so viel er mag, der Richter glaubt ihm nicht. Alles scheint gegen ihn zu sprechen. Und sobald ein entlastendes Indiz zur Sprache kommt, steht diesem die unfassbare Behauptung des Galgenvogels entgegen.

Eine Hölle auf Erden. Es gibt kein Entrinnen.

»... verurteile ich den Angeklagten Spinner zum Tod durch den Strang!«, verkündet der Richter am Ende dieses Albtraums.

Abermals sind die Mehringer zum Kalvarienberg gepilgert. Man starrt in die Gesichter der beiden Sünder, die gerichtet werden sollen. Der eine wirkt gefasst, wie schon beim ersten Mal. Dem anderen schlottern erbärmlich die Knie. Nur mit Hilfe zweier Büttel, die ihn stützen, hat Spinner es bis hinauf auf das Galgengerüst geschafft. Als der Henker ihm die Schlinge um den Hals legt, will er aufschreien, doch Angst lähmt seine Stimme. Inmitten der Menge entdeckt er das maßlos entsetzte Antlitz seiner Frau. Er will ihren Namen rufen, doch nur ein klägliches Krächzen entweicht seiner Kehle.

Das Gemurmel der Leute verstummt allmählich. Spinner schickt ein letztes Stoßgebet Richtung Himmel. Der Henker ist bereit.

»Warte, Henker!«, schallt es über den Richtplatz.

Des Henkers böser Blick heftet sich auf den Rufer. »Fängst du schon wieder damit an? Du kannst doch nicht jedes Mal …«

»Aber ich habe eine weitere Aussage zu machen!«, schneidet der andere ihm unbeirrt das Wort ab.

Schon stürmt der Richter wütend die Stufen zum Gerüst empor. »Willst du etwa wieder einen deiner Schurkenfreunde benennen?«, fragt er den todgeweihten Störenfried. »Wie lange willst du dieses Spiel noch fortsetzen? Glaubst du, auf diese Weise deiner gerechten Strafe entrinnen zu können?«

»Ich verspreche, dass es die letzte Aussage sein wird, die ich in meinem Leben machen werde«, antwortet der Gefragte, unbeeindruckt vom Zorn des Richters.

»Dann sprich, in Gottes Namen. Aber wehe, du hältst mich zum Narren!«

»Ich will meiner Strafe keineswegs entrinnen. Und ich will auch niemanden mehr verpfeifen. Im Gegenteil.«

»Was soll das nun wieder heißen?«

»Ich habe behauptet, der Mann hier neben mir sei mein Komplize gewesen. Das war gelogen!«

Der Richter schnappt nach Luft. »Du meinst, Spinner ist in Wahrheit unschuldig?«, findet er schließlich seine Sprache wieder.

»Als man mich neulich zum Richtplatz führte, habe ich Spinner zum ersten Mal in meinem Leben gesehen! Mir entging nicht, dass er wissen wollte, wie ein Verurteilter sich wohl im Angesicht des Todes fühlen möge.« Er begegnet Spinners fassungslosem Blick mit einem schiefen Grinsen. »Verzeih mir, aber nun weißt du es! War mir ein Vergnügen, dich zu belehren!«

»Und was jetzt?«, fragt der konsternierte Henker den Richter.

»Na, was schon?«, kommt die zischende Antwort. »Du hast es doch gehört. Binde Spinner los. Der Schurke wollte ihm lediglich einen Denkzettel verpassen. Und mich hat er dabei ebenfalls zum Gespött der Leute gemacht!« Er bedenkt die Lacher in der Menge mit vernichtenden Blicken, bevor er hastig das Weite sucht.

»Hast du ein Schwein«, raunt der Henker Spinner zu, als er ihn von seinen Fesseln befreit. »Wenn ich du wäre, würde ich dem Herrgott zum Dank ein Kreuz errichten.«

»Genau das will ich tun«, flüstert Spinner, wie aus einem bösen Traum erwachend. »Genau an dieser Stelle will ich es aufrichten, wo jetzt noch der Galgen steht!«

Die thebäische Legion

(Trier)

Trier, 286 n. Chr.

Der Präfekt, soeben dem Wasserbecken entstiegen, legte sich tropfnass auf eine der Bänke und rief den Sklaven herbei. Augenblicklich erschien ein muskelbepackter schwarzhäutiger Mann, der den Liegenden von Kopf bis Fuß abtrocknete, bevor er mit knetenden Bewegungen seinen Rücken zu massieren begann. Präfekt Rictius grunzte behaglich. Als er die sich nähernden, lauten Schritte vernahm – unzweifelhaft die Schritte eines Soldaten –, ahnte er schon, dass es mit seiner Muße vorbei war.

Der Hauptmann blieb neben der Bank stehen und salutierte.

»Was gibt es denn, Hauptmann?«, fragte Rictius übellaunig.

»Präfekt, die Verstärkung ist soeben eingetroffen!«

Diese Nachricht schien Rictius zu besänftigen. »Gut. Wie viele Kohorten sind es?«

»Vier, Präfekt!«

»Von welcher Legion?«

»Von der thebäischen!«

»Von der thebäischen?« Laut schallte des Präfekten Stimme durch das Bad. Die Besserung seiner Laune war nur von kurzer Dauer gewesen.

Die Brauen des Hauptmannes erhoben sich fragend. »Ja, Präfekt, von der thebäischen!«

»Verschwinde!«, befahl Rictius dem Masseur, der mit erstaunlicher Leichtfüßigkeit das Weite suchte. »Dieses neugierige Sklavenpack besitzt mehr Ohren, als ihm guttut.« Ächzend richtete er sich auf. »Reich mir meine Kleidung!«, wies er den Hauptmann an.

»Manchmal frage ich mich, ob der Kaiser mich zum Narren halten möchte«, brummte Rictius, während er seine Tunika überstreifte.

»Verzeih mir, Präfekt, aber ich verstehe nicht, weshalb du so erbost bist. Vier Kohorten sind doch mehr, als du verlangt hattest.«

Rictius' Augen schossen Blitze auf den Hauptmann ab. »Idiot! Es sind Thebäer. Weißt du nicht, was das bedeutet?«

Der Hauptmann nahm Haltung an. »Nein, Präfekt!«

»Sie stehen in dem Ruf, Christen zu sein. Diese Kreuzanbeter beginnen sich auszubreiten wie eine Seuche. Wie soll ich dieser Plage Herr werden, wenn man mir vier Kohorten Christen schickt, kannst du mir das vielleicht einmal verraten? Das ist ja so, als würde man einem Ertrinkenden Wasser über den Kopf gießen.«

»Ach, so ist das«, erwiderte der Hauptmann kleinlaut.

Der Präfekt griff nach seinem Helm und setzte ihn auf. Mit zackigen Bewegungen befestigte er den Wangenschutz unter seinem Kinn. »Die Anführer der Kohorten sollen unverzüglich in meinen Palast kommen!«, ordnete er an. »Und lass die Thebäer heimlich überwachen. Wenn auch nur der kleinste Verdacht besteht, dass sie etwas im Schilde führen, will ich unverzüglich benachrichtigt werden!«

Wie ein Imperator auf einem marmornen Thron sitzend, empfing Präfekt Rictius die vier Anführer der thebäischen Kohorten.

»Willkommen in der *Augusta Treverorum*«, sagte Rictius, nachdem er die Ankömmlinge eine Weile lang abschätzig gemustert hatte. Die vier Männer senkten artig das Haupt.

»Seit Wochen warten wir auf Verstärkung«, fuhr Rictius fort, »und endlich seid ihr gekommen. Wie ist es mit der Kampfmoral eurer Soldaten bestellt?«

»Gut, Präfekt«, erwiderte einer der Männer. »Sie sind bereit gegen alle zu kämpfen, die die Grenzen des Reiches bedrohen.«

Rictius sah den Wortführer aus schmalen Augen heraus an. »Wie ist dein Name?«, fragte er ihn.

»Thyrsus, Präfekt.«

»Nun, Thyrsus«, Rictius starrte wie gelangweilt auf den Ring an seinem Finger, »du wirst verwundert sein zu hören, dass sich die Barbaren hinter der Grenze im Augenblick recht ruhig verhalten. Der Feind lauert vielmehr im Innern, wenn du verstehst, was ich meine.«

Die vier Männer warfen einander fragende Blicke zu. »Nein, Präfekt«, antwortete Thyrsus. »Leider weiß ich nicht, wovon du sprichst.«

»Natürlich nicht«, sagte Rictius mit einem schiefen Lächeln, »wie könntest du auch? In Ägypten hattet ihr sicherlich ganz andere Sorgen als wir hierzulande. Nun, ich will euch aufklären, mit welchen Problemen wir uns hier herumärgern müssen, von den Barbaren einmal abgesehen.« Er griff nach einem bereitstehenden Trinkpokal und nippte daran. »Wenigstens über den hiesigen Wein kann man sich nicht beklagen. Beklagenswert ist vielmehr der Umstand, dass immer mehr Menschen unserem Kaiser die gebührende Ehrerbietung versagen.«

»Hat es Aufstände gegeben?«, fragte Thyrsus vorsichtig.

»Noch nicht. Aber wenn wir nicht auf der Hut sind, wird sich bald etwas zusammenbrauen.« Seine ungeteilte Aufmerksamkeit galt plötzlich alleine den Gesichtern der vier Hauptleute, als wolle er ihre Reaktion auf seine nun folgenden Worte studieren. »Es gibt da eine Sekte, deren Mitglieder sich Christen nennen. Inzwischen treiben sie im ganzen Reich ihr Unwesen, sicher hast du auch schon von ihnen gehört. Diese Leute versagen unserem Kaiser nicht nur den Gehorsam, sondern stacheln auch noch andere zum Widerstand gegen Rom auf.«

Thyrsus räusperte sich. »Präfekt, soweit mir bekannt ist, sind die meisten Christen dem Kaiser treu ergeben und würden niemals ihr Schwert gegen ihn erheben.«

»Du bist eben schlecht unterrichtet, Hauptmann Thyrsus«, unterbrach ihn der Präfekt brüsk. »Die Christen weigern sich, dem Kaiser Opfer zu bringen und unterminieren seine Macht, wo sie nur können. Nennst du das treu ergeben? Sie sind ein ständiger Unruheherd in dieser Provinz, und ich bin fest entschlossen, dieses Übel an der Wurzel zu packen und auszurotten. Dazu benötige ich eure Hilfe.«

Die vier Männer schwiegen.

»Morgen früh«, fuhr Rictius mit einem maliziösen Lächeln fort, »will ich euch und euren Männern einen gebührenden Empfang bereiten. Im Hof wollen wir uns versammeln und unseren göttlichen Kaiser ehren, indem wir ihm ein Opfer darbringen. Ihr dürft wegtreten!«

Stumm salutierten sie vor dem Präfekten und verließen mit bleichen Gesichtern den Palast.

»Er weiß es!«, sagte Thyrsus draußen, als er sicher sein konnte, dass sich kein Spitzel mehr in Hörweite befand. »Er weiß alles und will uns auf die Probe stellen.«

»Aber was machen wir nun?«, fragten die anderen verzweifelt.

»Wir müssen es unseren Kameraden sagen. Sie haben ein Recht darauf zu erfahren, was sie morgen erwartet.«

»Der Präfekt wird uns in Ketten legen lassen, wenn wir uns weigern, dem Kaiser ein Opfer zu bringen.«

»Nicht nur das, er wird uns sogar töten lassen«, erwiderte Thyrsus finster. »An uns wird er ein Exempel statuieren.«

»Und wenn wir ihm zuvorkommen?«, schlug einer der Männer vor.

»Du willst gegen den Präfekten und seine Legionäre kämpfen?« Thyrsus schüttelte den Kopf. »Das würde Christus wohl ganz und gar nicht gefallen.«

»Was schlägst du also vor, Thyrsus?«

»Wir haben noch eine ganze Nacht Zeit, Männer.«

»Zeit? Wofür?«

»Zum Beten! Wir sollten Gott bitten, dass er uns starkmütig macht für den morgigen Tag.«

*

Fanfaren bliesen, als Rictius, gehüllt in einen purpurnen Soldatenmantel, auf dem Schauplatz erschien. Seine Legionäre waren längst versammelt, hatten auf des Präfekten Geheiß einen weiten Kreis um den Altar gebildet, der in der Mitte des Platzes aufgerichtet stand. Vor diesem Altar hatten sich in Reih und Glied die Thebäer formiert. Ein Priester, der ein Opferlamm an einer Leine hielt, wartete ein wenig abseits auf den Beginn der Zeremonie.

Als die Fanfaren verklungen waren, stellte sich Rictius unmittelbar vor den Altar und verkündete mit durchdringender Stimme: »Legionäre! Lange mussten wir auf die ersehnte Verstärkung warten, doch gestern ist sie endlich eingetroffen. Wir sind froh, vier Kohorten der thebäischen Legion in unserer Stadt begrüßen zu können und wollen sie heute willkommen heißen. Wir wollen es aber auch nicht versäumen, unseren Göttern und unserem göttlichen Kaiser ein Dankopfer zu bringen. Bevor das Opfertier zum Altar geführt wird, wollen wir unsere Ehrerbietung zum Ausdruck bringen. Ein jeder von uns soll ein Körnchen Weihrauch in die Opferschale auf dem Altar werfen, wobei unsere neuen Kameraden nach altem Brauch den Anfang machen dürfen!«

Er trat zur Seite und nickte in die Richtung der Thebäer, doch niemand von ihnen regte sich.

»Was ist?«, brüllte Rictius, dessen Gesicht eine rötliche Färbung annahm. »Versteht ihr etwa kein Latein?«

Thyrsus trat nach vorne und sah dem Präfekten fest in die Augen. »Präfekt, ich möchte dich bitten, mich und meine Männer von dieser Zeremonie freizustellen. Unser Glaube verbietet es uns, anderen Göttern zu opfern.«

»So? Und um welch wundersamen Glauben handelt es sich hierbei?«

»Du weißt es so gut wie ich, Präfekt. Wir sind Christen.«

»Christen?« Das Echo seiner Stimme schallte über den Platz. »Christen? Und das wagst du mir hier und jetzt ins Gesicht zu sagen?«

»Vermutlich habt ihr ein falsches Bild von uns Christen, Präfekt. Auch wenn wir uns weigern, den römischen Göttern oder dem Kaiser Opfer zu bringen, so wollen wir das Reich dennoch treu verteidigen gegen seine Feinde.«

»Die größten Feinde des Reiches seid ihr selbst!«, schrie der Präfekt. »Opfert oder sterbt!«

Thyrsus verschränkte die Arme vor seiner Brust und wich dem Blick des Präfekten nicht aus. Auch als dieser sein

Schwert zog, rührte sich Thyrsus nicht. Im nächsten Moment rollte sein Kopf vor die Füße der thebäischen Kameraden.

»Noch jemand, der nicht opfern will?« Rictius schritt durch die Reihen der Thebäer, deren seltsame Gelassenheit ihn nur noch zorniger machte. »Wird's bald, ihr Bastarde! Geht und opfert, wenn euch euer Leben lieb ist!«

Niemand rührte sich.

»Tötet sie!«, befahl der Präfekt seinen Legionären. »Tötet sie alle, auf der Stelle!«

Er machte kehrt und verließ in blinder Wut den Platz, der nun doch zur Opferstätte wurde.

Literaturauswahl

Goswin Peter Gath, Kölner Sagen, Greven Verlag, Köln 1959

Karl Guthausen, Sagen und Legenden aus Eifel und Ardennen, Meyer & Meyer Verlag, Aachen 1992–1996, Band 1–3

Heinrich Hoffmann, Sagen aus dem Rurgebiet, Nach der Originalausgabe von 1911 bei Joseph Dostall in Eschweiler

Heinrich Hoffmann, Sagen aus dem Indegebiet, Nach der Originalausgabe von 1914 bei Joseph Dostall in Eschweiler

Homepage von Sophie Lange: www.sophie-lange.de [zuletzt aufgerufen am 07.02.2023].

Wilhelm Ruland, Rheinisches Sagenbuch – Vom Oberlauf bis Xanten, Edition Lempertz, Königswinter 2007 (Reprint von 1923)

Anke Schütt und Manfred Victor, Aachener Sagen und Legenden, Einhard Verlag, Aachen 2002

Hans-Jörg Uther (Hg.), Sagen der Rheinlande, Bouvier Verlag, Bonn 1998

Paul Weitershagen, Eifel und Mosel erzählen, Greven Verlag, Köln 1968

Paul Weitershagen, Zwischen Dom und Münster, Greven Verlag, Köln 1959